四特 教育系列丛书 SITEJIAOYUXILIECONGSHU

怎样把课备好

《“四特”教育系列丛书》编委会　编著

吉林出版集团股份有限公司
全国百佳图书出版单位

图书在版编目(CIP)数据

怎样把课备好／《“四特”教育系列丛书》编委会编著．—长春：吉林出版集团股份有限公司，2012.4

（“四特”教育系列丛书／庄文中等主编．课堂教学与管理艺术）

ISBN 978-7-5463-8731-4

Ⅰ. ①怎… Ⅱ．①四… Ⅲ．①备课－教学研究－中小学 Ⅳ．① G632.421

中国版本图书馆 CIP 数据核字（2012）第 043981 号

怎样把课备好

ZENYANG BA KE BEIHAO

出版人	吴　强
责任编辑	朱子玉　杨　帆
开　　本	690mm × 960mm　1/16
字　　数	250 千字
印　　张	13
版　　次	2012 年 4 月第 1 版
印　　次	2023 年 2 月第 3 次印刷

出　　版	吉林出版集团股份有限公司
发　　行	吉林音像出版社有限责任公司
地　　址	长春市南关区福祉大路 5788 号
电　　话	0431-81629667
印　　刷	三河市燕春印务有限公司

ISBN 978-7-5463-8731-4　　　　定价：39.80 元

前 言

学校教育是个人一生中所受教育最重要的组成部分，个人在学校里接受计划性的指导，系统地学习文化知识、社会规范、道德准则和价值观念。学校教育从某种意义上讲，决定着个人社会化的水平和性质，是个体社会化的重要基地。知识经济时代要求社会尊师重教，学校教育越来越受重视，在社会中起到举足轻重的作用。

"四特教育系列丛书"以"特定对象、特别对待、特殊方法、特例分析"为宗旨，立足学校教育与管理，理论结合实践，集多位教育界专家、学者以及一线校长、老师们的教育成果与经验于一体，围绕困扰学校、领导、教师、学生的教育难题，集思广益，多方借鉴，力求全面彻底解决。

本辑为"四特教育系列丛书"之《课堂教学与管理艺术》。

目前，在我国的学校教育中，课堂教学仍然是一种主要的教育教学活动，要想有效地提高课堂教学质量与效果效率，就必须充分尊重和应用教育科学理论，系统学习、研究、提高课堂教学艺术水平，这不仅是对课堂教学的客观要求，而且是教育教学研究的发展趋势之一。因此，有志于从事教育事业去当一名教师的教育专业学生，都有必要去学习、研究课堂教学艺术，为今后做一名合格的教师进行充分的准备。本书把教育教学理论和教育教学实践有机地结合起来，系统地研究课堂教学的规律和实践，研究教学过程中的各种实际问题。

本书还有另一个很明确的目的，那就是：确立班级管理的专业地位，提升师生教学质量。我们分别从学生、教师(班主任)的角度分别进行说明。班级管理是门艺术，大凡艺术殿堂的攀登，都需要自觉的奉献；班级管理又是门科学，涉及科学领域的探索，必依赖智慧的涌动。希望本书的出版，能为工作在第一线的广大中小学班主任提供一个支点，同时，能唤起一部分对班主任工作感兴趣的专家学者的热情，共同来研究这个新课题，让班主任班组管理这项至关重要的工作，更具科学性和艺术性。这也是本书编写的意义所在。

本辑共20分册，具体内容如下：

1.《怎样把课说好》

"说课"是深化教育改革，探讨教学方法，实践教学手段，提高教育教学业务水平的一种好方法，也是教师进一步学习教育理论，用科学的手段指导教学实践，提高教学科研水平，增强教学基本功的一项重要方法。本书主要从说课准备、精心设计与组织说课材料、幽默为教法服务、情感学法说课、辅助教学程序、互动教学目标、应对说课失误和总结说课经验等方面来进行铺垫和阐述。我们站在说课者的角度，多层次地模拟了说课中遇到的各种问题，并提出了相应的改进措施，希望教师在说课中少走弯路，对于日后的说课教学能起到更大的帮助。

2.《怎样设计教学情境》

本书着重探讨了如何使新课程提倡的自主学习、探究学习、合作学习真正进入到课堂之中。通过介绍西方课堂设计的理论和教学策略，总结国内课堂教学改革的成功经验，为教师进行有效的课堂设计提供切实的指导和帮助。

3.《怎样把课备好》

备课能力是一个教师最基本的业务能力。备课是教师教学活动的一个重要组成部分，也是上好一堂课的前提和重要保证。教师要上好课，首先必须备好课，备课是一项深入细致的工作，是教师达成良好教学效果的关键。教师备课最需要用“心”、用“情”、用“力”和重“思”。

4.《怎样把课上好》

课堂动了，学生活了，互动、对话成为课堂教学的常态了，课堂上出现一系列变动不居的场景也就在情理之中了。教师根据课堂教学中生成的各种资源，形成后续的、新的教学行为。动态成为常态，生成成为过程，这些教学的新要求，是上课时教师需要加以灵活掌握的，也是本书所要介绍的。希望通过本书，教师不仅能获得教学的新理念，同时能获得基本的教学策略。

5.《走出教学雷区》

由于学识、经验、能力、性格、思维等诸方面的限制，教师由于认识和行动上产生了偏差，在教学过程中走入误区在所难免。本书列举了日常教学工作中教师常出现的一些问题甚至错误，分析这些问题产生的根源及这些问题在教学中的呈现形式，提出解决的方案，引导教师避免或者走出误区，通过“行动—反思—再行动—再反思”，引导教师做一个反思型教师。促进教师在专业化的道路上更快的成长和进步。

6.《让学生出类拔萃》

在学校里，尖子生往往是重点培养对象，集“万千宠爱于一身”。但是作为教师，不能被尖子生“一俊遮百丑”而忽视对他们的培训和教育。教师应该正确认识和了解尖子生，做好培优工作，积极引导，严格要求，满足他们强烈的求知欲，充分施展其才能并通过尖子生积极进取的态度、较好的学习方法影响和帮助其他同学共同发展，使全体学生成绩不断地推进。

对尖子生的培养是一项艰巨而漫长但又极具乐趣的工程，希望通过本书的学习，我们的教师都能发现千里马，精心、尽力培养，让他们跑得更快、更远！

7.《一对一教学》

在中国，“一刀切”式的教学方法普遍存在于课堂中，然而，每个学生特点各异，只有建立在了解学生基础上的个性化教学才能使学生受益无穷。

不是崭新的课本、新潮的教学技巧，也不是最新的教学设备，唯有优秀的教师才是学生成功的关键。坚信我们有责任坚持不懈地寻找和发现优秀的孩子，我们也要认识到每一个孩子都与众不同。本书致力于了解我们的学生并找到适合各个学生的教学方法，因材施教。

8.《让课堂动起来》

教师如何形成新的课堂教学艺术技巧、如何让课堂变得更加生动有趣，这正是本书论述的要旨所在。

教师要上好一堂课，除了要有热情与高度的责任感之外，还要有渊博的知识和一定的讲课技巧，教师必须认真备课、多动脑、多想办法，有了一定的授课技巧，课堂就会时时呈现出精彩！

9.《不怒自威》

本书以清新的笔调、详实的案例向教师娓娓道来：要树立起自己的威信，教师除了要师德高尚、敬业爱生，专业精湛、诚实守信、仪表得当，还要宽严有度、教管有方、赏罚分明、公平公正。只有这样，学生对教师才能心悦诚服，也只有这样，教师才不会在“学生难管”的哀叹中失落教育的权威。

10.《好学生是怎样炼成的》

行为变为习惯，习惯养成性格，性格决定命运。一个动作，一种行为，多次重复，就能进入人的潜意识，变成习惯性动作。习惯对每个人梦想的实现，命运的选择起到了决定性作用。青少年正处于一个习惯的塑造和培养期，养成良好的习惯会让每个孩子都成为好学生，会使其受益终生。

11.《与差生说拜拜》

本书以新颖的创作手法和情真意切的教育语言从多个方面阐述了怎样对后进生进行转化，如何正确认识后进生，坚守对后进生的教育之爱，唤起后进生向上的信心，解开后进生的“心结”，有针对性地解决后进生的“问题”行为，加大对后进生的学法指导，提升后进生的自身能力，善用工作技巧来解决后进生问题，走出教育后进生的误区。本书有较强的可读性、针对性、实用性和操作性，对教师转化后进生的教育工作有实际性的参考和切实有效的帮助。

12.《从管到不管》

课堂管理艺术和技巧是以学生发展为本的，是教师教学智慧的新表征，是教学实践和经验概括和理性提升，本书所阐述的艺术和技巧是简约的，实用的，可操作的，可借鉴的。教师通过本书的阅读和借鉴，能够在新课程实践探索的道路上，不断更新课堂管理理念，优化课堂管理行为，形成新的教学本领和新的课堂管理艺术，让课堂教学焕发出生命的活力。

13.《把握好教学心理》

为了帮助读者成为“有意识的教师”，作者提出了若干问题以引导学生思考和学习，并列举大量课堂实例，作为实践范例。本书鼓励教师去思考学生是如何发展和学习的；鼓励教师在教学之前和教学过程中做出决策；鼓励教师思考如何证明学生正在进行学习、正在迈向成功。本书反映了当前有关的新理论与新进展，所介绍的各种研究结论在课堂实践中得到了验证与应用。该书所倡导的兼收并蓄的均衡教学为教学的专业化发展奠定了基础。

14.《完美的班规》

优秀的班集体需要制订切实可行、行之有效的好班规。本书采用了通俗的创作方法，把死板的道理鲜活化，把教条的写法改变为以案例为主，分析、评点为辅，把最先进的教育理念和方法融入有趣的情境中。经典的案例，情境式的叙述，流畅的语言，充满感情的评述，发人深省的剖析，娓娓道来、深入浅出，让教师更充分地领会先进、有效的教育方法。

15.《让问题学生不再成问题》

班级里总有那么些学生：有的顶撞老师，经常迟到；有的迷恋网络，偷拿钱物，早恋；有的对同学暴力相向，甚至离家出走；教师在他们身上花费很多精力，然而收效甚微。教育这些学生，需要耐心，更需要教育的智慧。

本书是一部针对这一现象为教师提供方法的教育研究专著，也是一部关于问题学生的教育学通俗读物。本书以教师最头痛的问题学生为突破口，努力在这个问题上把智慧型教育理论化、具体化、可操作化，且适当规范化。这既是教育问题学生的一本“医书”，也是教师科学思维方式的培训教材。

16.《消除师生间的鸿沟》

本书在编写中，尽力以轻松的笔调来“海阔天空”地谈论教育中的师生关系这一敏感问题，以求能让读者在阅读中有快乐、有启发、有思辨。本书每一篇章采用夹叙夹议的编写风格，叙述的是事例，议论的是道理。为了最终能让读者更广泛、更深刻地明白教育道理，本书一般通过“生活事例——生活道理——教育道理——教育案例”这种内外结合、纵横交错的行文方式，实现“顺理成章”的阅读品质。

17.《用活动管理班级》

随着社会和教育的发展，我们对班级的认识也经历着一个相应的发展历程。班主任的角色定位与对班级性质的认识应该是相匹配的。班级活动作为班级功能主要的承载体，在功能、形式和内容上同样需要在新课程背景下重新定位。本书紧扣班主任专业化发展这一核心理念，从班主任实际工作需要出发，由案例导入理论问题，又理论联系实践，突出案例教学与活动的组织和设计；不仅贯彻教育部提出的针对性、实效性、创新性、操作性等原则，而且便于进行系统、有选择性的培训。

18.《学生奖惩艺术》

现在的学校普遍提倡激励教育，少用惩罚性处罚手段，认为处罚只能打击学生的自尊心，使学生丧失上进和改正缺点的动力。但是，激励不是万能的。教育不能没有处罚，没有处罚的教育是不完整的教育。本书针对教师如何奖励和处罚学生进行了系统而深入的分析和探讨，并提出了解决这一问题的新思路、可供实际操作的新方案，内容翔实，个案丰富，对中小学教师颇有启发意义。本书体例科学，内容生动活泼，语言简洁明快，针对性强，具有很强的系统性、实用性、实践性和指导性。

19.《永葆教育激情》

谁偷走了中小学教师的激情？生命中不能承受之重对教师起到了什么影响？教师职业倦怠的原因在哪里？克服倦怠的具体行动有哪些？如何正确认识和驾驭工作压力？……这些问题就是本书要为你回答的。本书对教师的职业倦怠进行了系统而深入的分析和探讨，并提出了解决这一问题的新思路、可供实际操作的新方案，内容翔实，教案丰富，对中小学教师颇有启发意义。

20.《超级班级管理法》

班级管理是门艺术，大凡艺术殿堂的攀登，都需要自觉的奉献；班级管理又是门科学，涉及科学领域的探索，必依赖智慧的涌动。本书是多位优秀班主任集思广益、辛勤笔耕的结晶。一是实用性，所选的问题都来自班主任的实际工作，容易引起班主任的同感。二是可操作性，提出的应对方法都简便易行。三是时代性，所选问题与当前课程改革，与学生实际相结合具有浓厚的时代气息。

由于时间、经验的关系，本书在编写等方面，必定存在不足和错误之处，衷心希望各界读者、一线教师及教育界人士批评指正。

编者

目录 CONTENTS

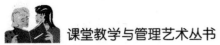

第一章

日常备课

备课的前提是了解学生

教师如果想取得教学的成功，就要对学生有充分的了解。所以，备课时要充分考虑学生的因素。

如果我不得不把教育心理学还原为一条原理的话，我将会说，影响学习的最重要的原因是学生已经知道了什么，我们应当根据学生原有的知识状况去进行教学。

学生的情况、特点，要努力认识，悉心研究，知之准，识之深，才能教在点子上，教出好效果。

动画片很受儿童的欢迎，而戏曲的市场则往往在老年人中间。不同的艺术形式，有不同的“受众”，而如果我们想在儿童中推广戏曲，在老年人中间推广动画片，失败是在所难免的，也不免贻笑大方，让人戏作“对牛弹琴”。

同样的，如果我们在小学的数学课堂上讲“微积分”，在语文课堂上讲“古汉语文字学”，失败也是在所难免的。原因很明显，我们没有根据学生的实际情况去进行教学。

做事情要考虑对象，知己知彼，百战百胜。分析对象，了解对象，是我们的事情得以成功的前提条件。

从最简单的意义上讲，教学就是教师教学生学，教学的对象是学生。如果我们想取得教学的成功，我们就要对学生有充分的了解，如果我们想对学生有充分的了解，我们在做教学的准备工作——备课时，就要充分考虑学生的因素。

美国教育心理学家奥苏贝尔说：“如果我不得不把教育心理学还原为一条原理的话，我将会说，影响学习的最重要的原因是学生已经知道了什么，我们应当根据学生原有的知识状况去进行教学。”

备课备学生，是对我们教师的一项基本要求。

一、了解学生

一个老教师曾经说：“一个教师最大的不幸不在于学生以各种方式刁难他，而在于学生对他的一切行为都无动于衷，在于学生从根本上漠视、无视他的存在。”而要克服这一点，我们就要了解学生。了解学生，是走近学生的前提，是教育教学工作顺利进行的前提。

了解学生包括很多的内容：了解学生已有的知识背景和生活经验；了解学生已有的知识水平；了解学生喜欢的听课方式以及感兴趣的学习内容等。只要我们有了解学生的意愿和兴趣，你会发现，原来，那里是一个很奇妙的世界。

教师在备课时要充分联系新教材、贴近生活、创设情境的特点，充分了解学生，利用教材教，而不是教教材，让学生学到更多“课本之外的知识”，拥有更多的生活感悟和体验。例如，一位教师在备《搭配中的学问》一课时，先调查了一下学生，发现很多学生虽然每天都在吃各种各样的饭菜，但对菜的搭配进行主动研究的却很少，所以对“配菜”这一情境都比较陌生。于是他重组教材内容，把教材中的主情境“配菜”放在练习环节，改为学生经常经历的早点的搭配，即 2 种饮料和 3 种点心的搭配；衣服的搭配，即 3 种上装和 4 种下装的搭配。这一重组不仅利用了学生的生活经验，让教学“走进了学生的生活”，激发了学生学习的兴趣，还通过让学生自己来解决搭配问题的练习，培养了学生的动手能力。

在备课时，教师不妨走进学生中间，了解他们对即将讲解内容的兴趣、知识储备和他们所关心的话题。为了充分地了解学生，在备课时不妨认真回答以下一些问题：

（1）学生是否已经具备了所必需的知识和技能，以进行新的学习。

（2）学生是否已经掌握或部分掌握了教学目标中要求学会的知识和技能。没有掌握的是哪些部分？有多少人掌握了？掌握的程度怎样？哪些知识学生自己能够学会？哪些需要教师的点拨和引导？

二、分析学生

分析学生是在了解学生的基础上“再往前走一步”。如果说了解学生更多地强调的是我们要收集和获取学生的一些“客观信息”的话，那么分析学生就要求我们对这些客观信息进行加工和综合，以求从整体上了解学生。

教师在备课时要分析学生的理解能力、接受能力、兴趣点、最近发展区、思维方式以及思维的广度和深度等，以采取相应的对策服务于教学。

教材只是一个载体，需要每一个教师带领学生去挖掘、去创造。教学是一个再创造的过程，是对课程不断发展、不断丰富的过程。因此，教师在备课中，不要就教材“教”教材，而是要充分地了解学生、分析学生，根据学生的兴趣和需要，利用教材组织各种各样的活动，贴近学生的生活，进行教学设计。

三、关注学生

关注学生是了解学生、分析学生的前提，也是了解学生、分析学生的具体体现。在备课中关注学生，要求教师在备课时既要考虑教师围绕教学目标如何教，又要考虑学生如何学，既要关注知识能力的提高，又要关注学生情感、态度和价值观的养成。

1. 自主探索——关注学生的学习过程

新课改倡导："学生是学习和发展的主体。课程必须根据学生身心发展和学习的特点，关注学生的个体差异和不同的学习需求，爱护学生的好奇心、求知欲，充分激发学生的主动意识和进取精神，倡导自主、合作、探究的学习方式。"这就意味着把课堂真正还给学生，让学生自主地学，愉悦地学，充满成功感地学，是课堂教学追求的目标。把学习的主动权交给学生，让学生自己发现问题，独立思考问题，寻求解决问题的办法，达到最佳的学习效果。最关键的是我们要关注学生的学习过程。

2. 合作交流——关注学生的情感体验

（1）师生合作。

"教"服务于"学"，"教"是为了"不教"，教师通过与学生的合作，鼓励学生自己动手，发现问题，解决问题，是新课程所倡导的教育教学理念，也是提高学生动手能力和探索精神的良好途径。

教师在备课中，可以让学生积极地参与进来。如让学生预习，自己收集有关资料（如实物、图片、数据等），自己向家庭、亲友、社会人士作社会调查，自己制作有关学具，自己设计学习方法等。这个过程不仅能够促进学生自主学习，为课堂教学作好铺垫，还能使教师预测到学生的需要，把握学生的"现有发展水平"，更多地从学生学习的角度去考虑教学方案，对症下药，有的放矢。

（2）生生合作。

生生交流的最大优势就是能够将新知识、新信息通过合作小组这个特定的学习形式，进行高速度、大密度、快节奏的"传递"，做到资源共享。在一些实践活动课上，只有生生之间的交流和合作，才可以实现相应的教学环节。交流和合作是让学生在和同伴的探讨和"共享"中，实现全面成长的良好途径。有质量的课堂应是一个师生互动、生生互动、互教互学的生机勃勃的学习场面，通过生生交流，学生的学习方式和思维方式将发生质的飞跃。

3. 动手实践——关注学生的能力发展

实践是能力的“检验场”，也是发展能力的“练习场”，让学生亲自动手，积极参与，可以很好地培养学生的动手能力和实践探索能力。

让学生动手实践要给学生提供一定的实践活动和实践场景，教师在备课时要注意设计不同的活动，让学生参与进来，有动手的机会。例如，一位教师在备《立体图形的认识》一课时，设置了如下的活动：在新课前给学生布置任务，要求学生观察身边的物体分别是什么形状的，哪些物品形状相近，让学生收集一些不同形状的物体。在课上采取小组合作学习方式，每个学生把收集到的物体放在一起，请各组把收集到的物体按形状分开。学生对各种立体图形有了初步认识后，让学生通过猜一猜、摸一摸、搭一搭等活动进行深化理解。通过类似的活动，让学生亲身体验知识的形成、发展过程，学生的思维、理解能力将不断得到锻炼和提高。

课堂是心灵碰撞的场所。没有心灵碰撞的课堂首先不是真正的课堂，同时也不是有效的课堂。课堂是由人组成的一个活的组织，有人就应该有人气，有了人气才会有动力。而这种人气需要的就是心灵的交流，让对知识的追求成为学生心灵的渴望，让传授知识成为一种心灵的付出。作为教师主导下的课堂，所有的这一切都建立在教师对学生充分了解的基础上。备课备学生，是教师备课的一项基本要求。

备学生，一堂永远备不完的课！

备课首先要吃透教材

教材是教师教学和学生学习的依据，是教学内容的主要载体。新课程标准强调要“用教材教”而不是“教教材”。所以，老师只有吃透了教材，才能不拘泥于教材，做到真正的“用教材教”。

教学参考书写得再具体、再详细，也不能代替自己钻研教材。有的青年教师有了参考资料就不去研读课文了，他们认为写参考书的人水平比自己和其他老师高，不必再花工夫去钻研教材。这种想法和做法是用别人的劳动直接代替自己的劳动。长此以往，必定会影响自己业务水平和教学质量的提高。

教师越是能够运用自如地掌握教材，那么他的讲述就越是情感鲜明，学生听课花在教科书上的时间就越少。

苏霍姆林斯基在《论教育素养》中说："教师越是能够运用自如地掌握教材，那么，他的讲解就越是情感鲜明，学生听课后需要花在教科书上的时间就越少。这是教师素养中的一个非常重要的特征。"

教材是教师教学和学生学习的依据，是教学内容的主要载体。新课程标准强调教师要"用教材教"而不是"教教材"，这是教学理念的转变，也对教师提出了更高的要求。因为教师只有吃透了教材，消化了教材，才能不拘泥于教材，做到"用教材教"。

"用教材教"强调教材只能是教学的一个依据和工具，而不是教学内容的唯一来源，教师在组织其他教学资源的同时必须以教材为中心，以教材为指导。而教材的参考价值和指导意义，只有内化为教师的个人知识以后才能显现出来。也就是说，教师只有吃透教材，领悟了教材的实质，才能用它作为衡量标准，来估价其他教学资源的教育价值。

"用教材教"其实还暗含着教师要"走出教材"的意义。很明显，教师要想"走出教材"，必须要"走进教材"，而吃透教材、钻研教材是教师"走进教材"的基本方式。

教师只有吃透教材，才能"走进教材"，继而在"走进教材"的基础上"走出教材"，从而"活化教材"，将教材中的知识和学生的生活实际联系起来，将学生知识的学习和能力的培养联系起来，将学生知识的学习、能力的培养、情感态度、价值观的创造有机统一起来。

吃透教材，是教师形成自己的教学风格、迈向教学艺术王国的必经之路。我们无法想象一个连教材内容都不熟悉的教师会上好一堂课，诚如于永正老师所言："这法那法，吃不透教材就没法。"教师只有吃透教材，理解了教材中的内容，才能在选择教学方法的时候有一个整体的把握，才能明了"什么样的内容用什么样的方法教"。

吃透教材，是教师备课的基本要求，也是教师教学风格、教学艺术得以形成的重要基础。

教学是一门艺术，这门艺术建立在对教学方式、方法的优化和灵活把握上。而教学方式、方法的优化和灵活把握，首先要求教师要对所教的内容有一个全面和透彻的了解，这样才能在选择和应用方法时，做到得心应手、收放自如。

备课从钻研教材开始。只有深刻理解教材，准备充分，上课时才能轻松自如，深入浅出。那么，在备课时，如何钻研、吃透教材呢？

一、树立科学的“教材价值观”

钻研教材，理解吃透教材的前提是对教材有一个科学合理的认识，形成科学的“教材价值观”。

教材不是一堆“物化风干”，“刻板陈旧”的概念、命题、推理等知识的综合体，而是有着自己内在生命，倾注了人类精神结晶的思想的承载者。吃透教材，理解教材就是要把那些表面的概念、命题、推理等知识的综合体“掰碎揉开了”，读出隐藏在其后的灵动的思想、鲜活的情感。

教材不是“基督教徒手里的《圣经》”，只能唯其言是听，唯其命是从。在教材的面前，教师需要的不是唯唯诺诺、丧失自我的遵从和恪守，而是一种“吾爱吾师，吾更爱真理”的敢于批判和质疑的勇气。批判和质疑是创新的起点，创新是文化发展的动力，教师在质疑和批判教材的同时，也是将一种批判和质疑的精神凝聚在了自身，并言传身教，影响着学生。

二、改“教教材”为“用教材教”

新课程要求教师重新认识和理解教材，实现教材观的转变，真正树立“教材是范例”的崭新教材观，即教材是引导学生认识生活、进行人格建构的一种范例，是学生发展的“文化中介”，是师生对话的“话题”，是需要学生去分析、理解、反思、批判和进行意义建构的对象，而不是全部接受的对象。了解“教教材”和“用教材教”的区别，对教师钻研、吃透教材具有重要的指导意义。

“教教材”，就是以教材为中心，视教材为“圣明”，被动地围着教材转，教材怎么写，教师就怎么顺从地教，不敢越教材半步。教材不仅是师生关注的中心和兴奋点，而且成为了控制师生行为的工具。“用教材教”，教材则成为“范例”。教师不仅要解释教材，而且要以教材为“诱饵”去“钓”起学生思考的“鱼”，以教材为主可以从内容、形式上向外延伸，不再局限于教材。教材从而成了一条知识之“舟”，一座能力之“桥”，一片心灵洗礼之“地”。

“教教材”，是教书，考虑的出发点是传授，即将书本知识传递给学生。这种教学是以知识为本位的，侧重知识分析，看重教师传授知识的到位与否及教学技巧，从教师执教的角度来统率教学过程，是对教材负责的“固本教学”，它是一口井，是停靠的码头。“用教材教”，是教人，立足点则放在学习对象上，注重教学行为与学习行为的同步和谐，注重知识传授与能力培养，注重举一反三，是以知识为线索、潜能开发为重点、习惯培养为侧重的综合性教学，是以学生全面健康发展为本的“人本教学”，它是一条河，是起帆的绿舟。

三、“用教材教”，超越教材的几种基本方法

1. 替换教材的例子

为了说明基本概念，教材中往往选用一些例子。尽管教材的编写者力求选用那些不同地区学生都熟悉的例子，但仍然不能照顾到每个地区和所有学生，所以新课程提倡要开发课程资源，要结合学生的生活实际和自身体验学习知识。用学生熟悉的例子和情境学习新知识，学生更容易理解，对学习更有兴趣，也更容易记忆。

小学《数学》中有一节教材是“找规律”，教材中选用了一些花朵、几何图形、人物图像等，让学生探索这些图案的排列有什么规律。有些教师在教学时照本宣科，按照书上的图案制作成幻灯片、剪纸、图画、学具等，在备课时费了很大的工夫，然而教学效果并不理想。有的教师在教学时就从身边的例子出发，例如教室里桌椅的排列、窗户的排列、电扇的排列。先让学生从身边的这些例子出发，找到一些规律，然后过渡到生活中的其他场合，在这样逐步拓展的过程中，学生对概念的理解越来越清晰，越来越深刻。这样的例子比教材上的例子更熟悉、更丰富，更符合学生认识和记忆的规律，更能激发学生的学习热情和积极性。

2. 拓展教材的主题

一般说来，教材中的某个知识点都有一个鲜明的主题，对于学生而言，就是学习知识，提高能力，培养习惯。知识的学习是比较具体的，能力的提高和习惯的培养则是比较抽象的，很难用量化的标准来测量。在现实的教学中，教师可以结合学生的生活实际，加深学生对主题的感知和体验，使“抽象的理念”具体化，加强学生行为习惯的培养。

比如初中语文《罗布泊，消失的仙湖》是报告文学，写的是罗布泊的变化史。在习惯培养这一层面上，主题非常明确，就是要爱护环境、保护环境。但学生如果仅仅局限于课本的学习，就会觉得自己离罗布泊和青海湖很遥远，保护环境的意识还不强烈。如果教师能结合当地的实际情况引导学生来谈，学生就会对课文的主题有更深刻的理解。课后还可以布置学生搞一些调研活动，了解附近水源的丰缺情况和污染状

况，提出保护水源和环境的措施，教材的主题就会得到深化和拓展，学生保护环境的意识就会得到强化。

3. 改变教材的呈现方式

如果说替换教材中的例子和拓展教材的主题，都是从教材内容方面做的改动的话，那么，改变教材的呈现方式，则是从形式上对教材的创新。用学生们喜闻乐见的形式将教材上的内容呈现出来，如通过挂图、剪纸、幻灯片、录像、录音等方式，丰富教材知识的呈现形式，就可以将“平面的教材”变成“立体的教材”，将枯燥单调的书面资料变成丰富多彩的多媒体资料。通过这种形式的改动，容易调动学生们的兴趣，增强他们对知识的理解。

一位教师在讲授《咏柳》这首诗歌时，充分利用了多媒体课件，不仅呈现了婀娜多姿的垂柳，还配置了颇有韵味的音乐。让学生充分感受到了垂柳的美，以及春天的气息。学生的情感被充分地调动起来之后，知识的学习自然也就水到渠成了。

4. 整合不同学科的内容

为促进学生的全面发展，新课程增强了学科间的融合。一方面通过增加一些综合性的课程来整合学生的知识，如“科学”课整合了物理、化学、生物三科的内容；“艺术”课整合了音乐、美术的内容。另一方面，在分科教材中也增加了不同学科的知识，加强不同学科间的联系。如：初中语文新教材设立了“科学”单元，生物新教材设立了“生物学与文学”栏目，历史新教材中有许多是文学、科技等文化发展史方面的内容等。这些，都是在加强科学精神与人文精神过程中的相互渗透与融合。教师在运用这些教材时要理解编者的意图，有意识地加强学科之间知识的互补，促进学生对知识的消化、吸收和理解，实现全面发展。

5. 鼓励学生提出不同的见解

与传统教材相比，新教材更加鼓励和提倡学生对问题有自己的独特见解，为学生的个性发展留出了空间。如人教版历史新教材的“动脑筋”、“活动与探究”等栏目中提供了不少可能引起争议的问题供学生探究，如“秦始皇功过的辩论”，以激发学生的个性化思维和独特见解。这些设计引导学生不唯书，不唯上，不迷信权威。教师要充分利用好这些板块，鼓励引导学生发表不同的见解，在培养学生探索和质疑精神的同时，实现对教材资源的利用和创新。

备课一定要“备”自己

备课备自己，是教师学习、反思、成长与发展的过程。老师必须清醒认识、深刻理解，并积极主动地加以实践，提升自己并促进学生更快地发展。

教师的备课自然需要备教材、备学生、备教法。但从大的方面看，教师备课就是备自己。

备课是教师上课前的必备工作。备课时要备教材、备学生，但是教师最应该备的，却是自己。只有对自己有一个充分的了解，知道自己的长短优劣，才能在教学方法的选择上、教学过程的组织上、教学内容的处理上扬长避短，才能更好地挖掘出课堂效益。因此，要避免平时教学上机械模仿和“拿来主义”的产生，要在课堂上真正发挥教师的主导作用，备课时一定要备自己！

美国心理学家波斯纳提出教师专业成长公式：成长 = 经验 + 反思。教师备自己，能够促进教师对自己的教育教学实践进行认真的剖析与反思。教师会在加强自身努力实践的基础上，不断结合教育教学实际进行有效经验的反思和总结，实现自己的专业成长。

知己知彼，百战百胜！教师备课的重中之重是备好自己。

教师要想了解自己，在课堂上扬长避短，上出特色，在备课的时候就要充分的“备自己”！

一、备自己的期望值与信念

教师对自己备课、上课效果的好坏总是抱有一定的期望，期望自己的课成功，期望自己教学能取得好的效果，这种期望值是有高低之分的。比如，名特优教师因为通过自己的奋斗，成功与其长期相伴，他们对自己的教学期望值自然很高。不言而喻，普通教师的教学期望值肯定低于名特优教师的。教学效果在很大程度上决定于一位教师的期望值。备课、上课信心十足，做每件事都乐观向上、积极进取的高期望值教师教学效果肯定优于连自己底气都不足、情绪消沉的低期望值的教师教学效果。

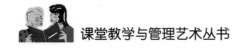

教师的期望针对某一具体事情或某一时间段，而教师信念则不一样，一旦形成，相对来说较稳定，它不仅影响教师的教学活动，对教师的专业成长也有重要意义。在现实的教育活动中，如果教师建立了自己

教学教育活动对学生的学习，乃至一生的成长都有着举足轻重的作用的教育信念，他必将付出自己的全部精力，对工作尽心尽力，对学生尽职尽责。有这样教育信念支撑的教师，教学效果优良是在情理之中的事。同样，如果教师怀疑自己的工作，怀疑自己的教育教学对学生的学习、一生成长的促进作用，最后导致教学动机低落、教学效果不佳也是意料之中的事。

我们在教学时，要备足自己的期望与信念，把备教材、备学生置于提高自己的期望值和坚定自己的教育信念的大背景里。备出这样的结果：高期望值、坚定的教育信念与好的教学效果处于良好的互动状态中。

二、备自己的能力

尺有所短，寸有所长，教师之间的能力存在不同的差异。美国学者舒尔曼认为：教师之间“教育学推理”能力存在差异（“教育学推理”强调教师依据学生对学科知识已有的理解水平，将自己所理解的学科知识“教育学化”和“心理学化”，然后选择学生能够理解的恰当方式陈述和表现出来），教学方法选择运用也存在差异，教学组织能力也存在差异……因为教师能力之间有着许多差异，只站在学生的角度备课是不全面的。教师备好自己的能力，把握住自己的能力进行教学，以及在教学中提高自己的能力，也是完善教学不可或缺的一个重要方面。

三、备自己的教学风格

教师在从教多年后，教学中会无意识地透出自己的个性或形成自己的教学风格。所谓教学风格：“是教师在长期实践中逐步形成的有效的一贯的教学观点、教学技巧和教学作风的独特结合和表现”。既然教学风格特点在于它的“有效”性和“独特”性，既然是“有效”的，自然无好坏；既然是“独特”的，那么风格与风格之间必然有别。具有自己的个性色彩，你的课堂可能思维严谨；可能直观形象；也可能紧凑明快；也可能宽松活泼……教学风格都是“有效”的，虽然无好坏，但有类别。无论你想借鉴别人教学中精彩片段，还是自己备课时设计教学环节，我们都要备自己的教学风格，这样才能考虑到自己的教学个性。用自己的教学风格同化引进的片段、内化设计的环节，在和谐的风格中开展教学活动。

教学中备自己的方面决不止以上三个，自我意识、课堂领导方式、语言表达习惯……都是我们要备的内容。备出自己的长处与不足，不是为了避重就轻，而是了解、认识自我的过程，更是发展培养自己的前提与准备。教师备自己是为充分发挥教师在课堂上的主导作用服务的，更是为确立学生在课堂上的主体地位服务的。所以我们在备教材、备学生的同时，也要备教师自己。

备课一定要沿着教学主线走下去

教学主线是教师在反复钻研教材的基础上形成的比较成熟的教学思路。清晰的教学主线，让课堂教学结构紧凑，收到良好的教学效果。

教学主线，是课堂教学的灵魂。所以，我们在教学实践中必须努力钻研、积极探索，寻求新颖的教学主线，赋予课堂以灵魂。

如果把课堂教学比作一首乐曲，那么课堂教学主线就如同乐曲中的主旋律。一堂没有教学主线的课势必散乱零碎，学生的注意力和思维活动也将飘忽不定。教师在课堂教学中应精心设计教学主线，为学生搭建学习之桥，让学生顺利到达知识的彼岸。

教学主线是教者在反复钻研教材的基础上形成的比较成熟的教学思路。课堂中明晰的教学主线就好比一条精品旅游线，把学生带进一处处风光秀丽的景点，使一堂课显得有条有理、环环相扣，而且重点突出、精彩纷呈。

一条鲜明的"教学主线"就好比一堂课的"灵魂"，各项课堂活动将围绕它开展并通过它进行发散与拓展。因此，"教学主线"的清晰与否、生动与否将直接关系到整堂课的思路是否清晰、教学效果是否良好。

优秀的课堂教学都有一条鲜明的主线贯穿教学始终。设计合理的教学主线能给人营造一种匠心独运、荡气回肠的感觉。清晰的教学主线，让课堂教学结构紧凑，学生能披文入情，收到很好的教学效果和效率。在备课时设计好教学主线，你的课堂就成功了一半！

"庖丁解牛"，游刃有余，关键是这一刀该如何切入。而教学也如"庖丁解牛"一般，要想使教学得心应手、游刃有余，就必须选对切入口。

教学主线就是这个切入口！

抛开学科的局限性，我们的教师在备课中如何设计好教学主线呢？

一、深入钻研教材，提炼“教学主线”

教材是教师教学的重要依据，教师只有吃透教材中的内容，才能对教学内容有一个深刻和透彻的把握。在透彻分析了教材之后，教师对于课堂的各个阶段甚至同一阶段都会有不同的设想，但是教师不应该急于设计课堂活动的各个“子任务”，而应先提炼教材内容。教师要抓住能起主导作用的教学重点和难点来设计课堂教学主线，使呈现出来的教学内容清晰明确，具有一定的层次性。

二、“教学主线”应符合学生实际

“教学主线”设计的难度必须符合学生现有的知识水平，不要拔高难度，不要偏离课程目标。有学者提到：成功教学的最大敌人之一就是学生的厌烦心理。而教学主线设置过难或过于容易，容易引起学生的焦虑情绪甚至厌烦心理。

在设计教学主线时，教师要全面考虑学生的情况，精心设计教学内容的导入，让学生很容易理解教师设计的学习任务，顺着教师设计的教学主线掌握教学目标和要达到的教学要求。

教师要围绕教学主线设计形式多样且富有层次的活动（包括课堂作业的安排），让学生积极、主动地参与活动，并开展创造性思维活动，使学生的认知水平得到提高。教学主线活动的设计不必太拘泥于逻辑顺序，或过于缜密，而应按学生的心理变化，及时照顾学生的好奇心与兴趣。发挥学生的主动性、责任感和表现能力，鼓励学生多依靠自己的经验，通过观察、提问、归纳和独立思维亲身发现知识。

三、“教学主线”的形式要多样，要符合趣味性原则

首先，“教学主线”创设要符合趣味性原则，只有这样，才能激发和培养学生学习的兴趣；再次，“教学主线”创设还应具有多样性的特点，单一的课堂教学形式能使学生猜测到在接下来的课堂中将会发生什么，这种情况不仅会使学生产生厌烦心理，而且也无法组织有效的互动活动。

因此，教师应该努力寻找生活中贴近学生生活实际，比较有趣味性、有时代性的材料来创设“教学主线”。生活中一些有意义、学生感兴趣的活题都可以成为我们一堂课的载体，围绕这些载体，教师可以有

效的组织小组学习互动活动，并最终由这条“教学主线”升华为一个有意义的主题。

四、教学主线设计的原则

1. 准备性原则

要让学生有效地获得学科知识和提高认知能力，只有循序渐进，不宜跳跃。教学前教师必须明确教学目标（即新的学习内容是什么），照顾到学生对新知识的准备状态，并以此为依据设计教学主线，开展教学活动。

2. 整体性原则

课堂教学活动要围绕教学主线展开，因此教学主线必须能够贯穿课堂设计的每个教学环节，且使每个环节过渡自然，并使整个教学过程流畅。这样，学生在开展课堂活动时的认知过程才能有所依托。

3. 真实性原则

教学主线中的中心话题的设计要把真实的语言材料引入学习环境。这种真实的语言材料来自学生的生活经历，易被学生接受，能激发他们对熟悉事物的兴奋点。

4. 功能性原则

教材在每个单元中安排一个语言功能项目，然后根据该功能确定一个相关的话题，再围绕这个话题设计活动练习，语言结构则根据功能的需要贯穿其中。这个思路充分体现了语言结构为语言功能服务的思想。因此，教师在设计主线时，要结合单元的功能项目，巧妙地把主线设计与语言功能相结合。

处理好“预设”与“生成”的关系

“预设”是预测和设计，是教师课前对课堂教学有目的、有计划的设想和安排。“生成”是生长和建构，是师生与教学情境的交互作用中产生的新问题和新情况。处理好二者关系，有利于教师对课堂的调控与把握。

课堂是一个不断生成的教学。在生成的过程中，师生双方超越传统的教与学的理念，积极互动，充满对智慧的挑战对好奇心的满足，从而使课堂焕发出师生的生命活力。这种“生成”精彩必须有精心的“预设”作铺垫，否则生成将成为“无水之源”。

新课程理念倡导下的教学，更加关注教学的“生成”。从“预设”

到“生成”，是课堂教学理念的嬗变与超越，也是对教师提出的更高的要求，要求教师在备课时要处理好“预设”与“生成”的关系。

“预设”是预测和设计，是教师课前对课堂教学进行有目的、有计划的设想和安排。作为一项规模化、系统化活动的教学，不可能没有预设，预设是课堂秩序的保障，是对教学目标在整体上的把握。

“生成”是生长和建构，是师生在与教学情境的交互作用中，以及在师生对话互动中产生的超出教师预设方案之外的新问题和新情况。作为以生命的完善和成长为目的的现代教学，不可能没有生成，生成是生命成长对教学提出的应有之义。

处理好“预设”与“生成”的关系，有利于教师对课堂的调控和把握。要想拥有有秩序、有活力的课堂，教师在课前要进行精心“预设”，要以“生成”为导向进行“预设”，在课上要动态地把握、促进“生成”，要以宏观的、整体的“预设”为基础引导和规范“生成”。另一方面，无论是课前的精心“预设”，还是课上的“动态生成”，都是教师教学能力和教学机智的最好体现。同时，教师通过这两种行为，也可以进一步锻炼和提高自己对于课堂教学的驾驭能力。

新的课程理念强调，教学是一个动态生成的过程，课堂是师生生命经历的重要场所，教师要充分重视课堂教学中的动态生成，让教学焕发出生命的活力。在现实的教学中，不少教师将新课程强调动态生成的一面推到极致，认为课堂教学不需要进行预设。我们认为，这不是一种正确的态度，是对新课程理念的曲解和误读。

新课程强调生成，绝不意味着不要预设，而是强调预设要为生成服务，是对预设提出了更高的要求。在课堂教学中，对预设与生成，任何一项都不能绝对化，只有科学合理地处理好预设与生成的关系，课堂教学的改革，才能进一步深化，才能真正的实现“预设因生成而美丽，生成因预设而精彩”的良性循环。

教师在备课时要科学地把握、处理好“预设”与“生成”的关系，创造出有秩序、有活力的课堂教学。

一、以预设为基础，提高生成的质量和水平

第一，从教师方面讲，首先要深入钻研教材，读出教材的本意和新意，把握教材的精髓和难点，把教材内化为自己的东西，具有走进去的深度和跳出来的勇气，这是课堂中催生和捕捉有价值的生成的前提；其

次要拓宽知识面，丰富背景知识。教师不仅要对教材和教参作深入细致的研读，而且需要自觉地广泛涉猎有关的知识，像海绵吸水一样吸取有用的信息，增加一些可以称为“背景”的东西，并把这些东西进行内化，变成对教学有用的东西。这样，文本在学生眼前就不再是孤立出现的一株植物，而是有着深蓝色天空作映衬的一幅图画。正如苏霍姆林斯基所说：“只有当教师的知识视野比学校教学大纲宽广得无可比拟的时候，教师才能成为教育过程的真正的能手、艺术家和诗人”；再次要研究儿童心理和学习心理。教师要全面了解儿童年龄阶段特征和班级学生的心理状况，深刻地了解学生学习的客观特律和基本过程，清晰地把握班级学生的知识经验背景和思维特点以及他们的兴趣点和兴奋点，从而能够较准确地洞察和把握学生学习活动和思维活动的走向。这三点是教师在课堂中有效地激发生成、引领生成和调控生成的基础。

第二，从教材方面讲，要强调教材的基础性地位和主干性作用。超越教材的前提是源于教材，必须对教材有全面准确的理解，真正弄清楚教材的本义，尊重教材的价值取向，在这个基础上结合儿童经验和时代发展去挖掘和追求教材的延伸义、拓展义，去形成学生的个性化解读。否则，所谓的个性解读和生成就会失去根基和方向，教学实践中出现的诸多生成误区都是源于对文本的忽视和误读。

第三，从教学方面讲，要强调精心的预设，课前尽可能预计和考虑学生学习活动的各种可能性，减少低水平和可预知的“生成”，激发高水平和精彩的生成。

二、以生成为导向，提高预设的针对性、开放性、可变性

1. 以生成的主体性为导向，提高预设的针对性

相对而言，生成强调的是学生的活动和思维，它彰显的是学生的主体性；预设强调的是教师的设计和安排，它彰显的是教师的主导性。教是为学服务的，它意味着要根据学生的学习基础和学习规律进行预设，想学生所想，备学生所想，从而使预设具有针对性。

如：一位教师在设计“两位数减一位数的退位减法”一课时，事先对学生进行了调查，结果发现，学生不仅熟练地掌握“整个数加一位数的口算和 20 以内的退位减法”，而且大多数对将要学的“两位数减一位的退位减法”也已经有了相应的了解，全班 40 名学生中，有 35 人已能正确算出得数，并能口述算理，其余 5 人能算出得数，但速度较

慢，算理表述不清。

如果把教学的起点定在“整个数加一位数的口算和 20 以内的退位减法”，显然不符合实际。为此，这位教师把教学起点调整为“写一个两位数减一位数的减法并且算出得数。”这样的设计就有了较强的针对性。

2. 以生成的随机性（不可预知性）为导向，提高预设的开放性

生成是师生的“即席创造”，是“无法预约的美丽”，它犹如天马行空，不期而至。为此，预设要有弹性和开放性，给生成腾出时间和空间。在传统教学中，教师习惯于把课堂上的一切都算计在内，把“意外情况”、“节外生枝”都视为课堂异端而加以排除，生成自然也就无立锥之地。教师要确立生成的意识，要深入思考课堂教学的大方向、大环节和关键性内容，把握课堂教学的整体思路和目标指向，为学生的自主活动提供必要的时间。目前许多优秀教师都倡导和实行粗线条的板块或设计，就是基于这样的考虑。如：一位著名特级教师教《中国的石拱桥》大体分三步：

①学生自读课文（教师要求学生在文章标题前加修饰语，促使学生思考）；

②学生提出问题，讨论；教师提问，讨论；

③练习。

另一著名特级教师的《死海不死》的教学与前一位特级教师的课有异曲同工之妙。

①用 15 分钟读几遍课文，每个提出 5 个以上有价值的问题；

②师生共同整理并解决其中主要问题；

③教师提出问题引导学生解决。这些课在过程中不断有新知火花的迸发，这些火花就是生成。

3. 以生成的动态性为导向，提高预设的可变性

强调生成的动态性，意味着上课不是执行教案而是教案再创造的过程；不是把心思放在教材、教参和教案上，而是放在观察学生、倾听学生、发现学生并与学生积极互动上。它要求教师在课堂教学活动中不能拘泥于课前的预设，要根据实际情况，随时对设计作出有把握的调整、变更。

三、让预设与生成共同服务于学生的发展

预设与生成有统一的一面，也有对立的一面。预设重视和追求的是显性的、结果性的、共性的、可预知的目标，生成重视和追求的是隐性

的、过程性的、个性的、不可预知的目标。预设过度必然导致对生成的忽视，挤占生成的时间和空间；生成过多也必然影响预设目标的实现以及教学计划的落实。不少有价值的生成是对预设的背离、反叛、否定，还有一些则是随机的偶发的神来之笔，生成和预设无论从内容还是性质讲都具有反向性。正是基于这一点，我们特别强调，无论是预设还是生成，都要服从于有效的教学、正确的价值导向和学生的健康发展。

相对于学生的发展，预设与生成都只是手段和措施。我们一定要从提高教学质量、立足学生可持续发展的高度，用长远的、动态的观点来认识和处理两者的关系。在实践中，我们不能离开学生的发展机械地讨论在一节课中是预设多了还是生成多了的问题，有价值的生成即使影响了预设的安排，也不应该草草了事；有质量的预设也不应该为了顾及低层次的生成而患得患失。总之，我们一定要从发展的眼光来看待预设与生成的关系问题。首先，课堂教学改革，这是一个否定之否定的过程，是一个从有序再到无序再到有序的过程；其次，某一节课的教学任务的完成与否并不影响学生的整体发展，课堂教学最重要的是培养学生独立学习能力和创新素质，这是学生发展进而也是教学发展的根本后劲。

第二章

特色备课

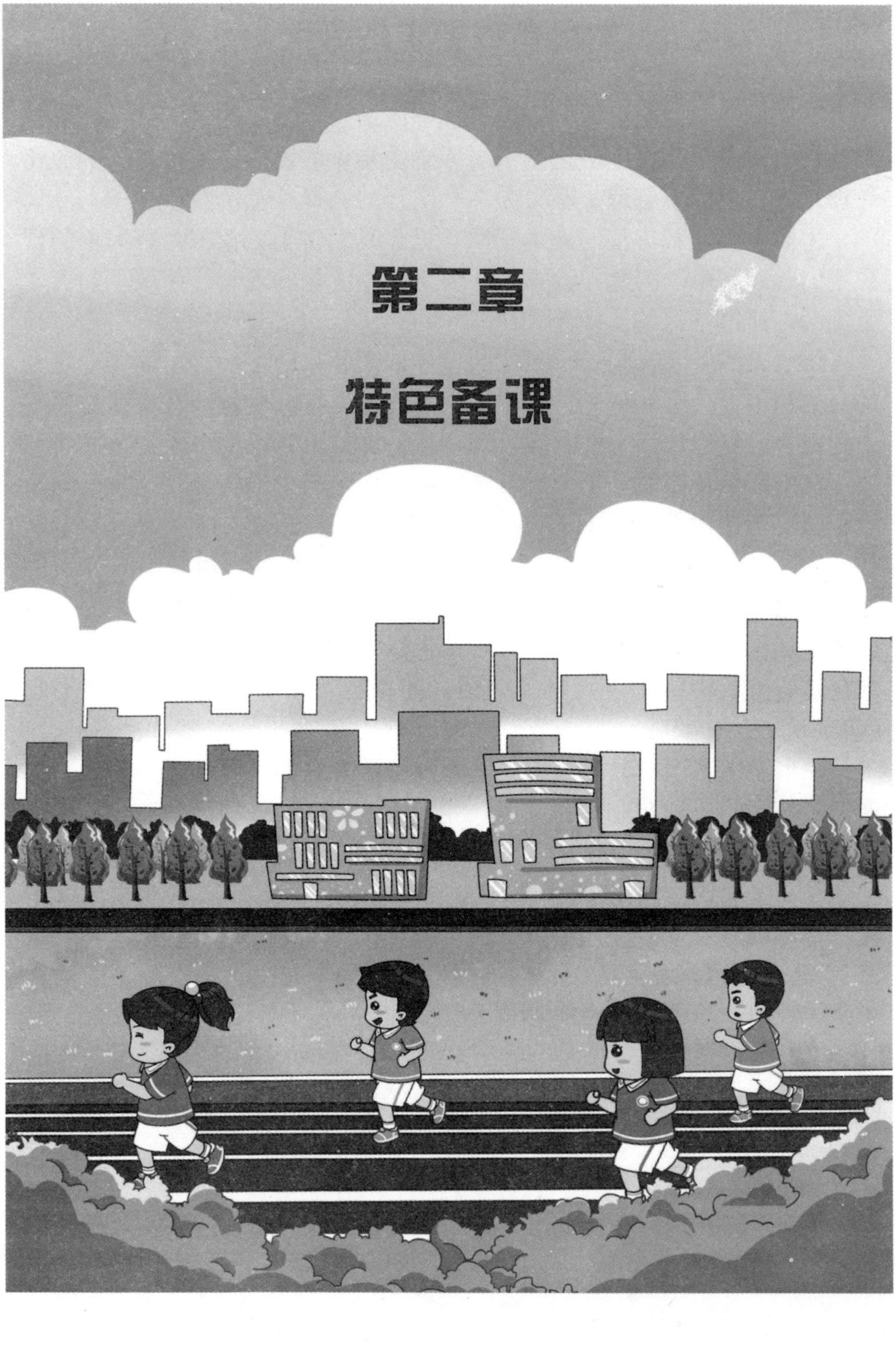

特色备课要求生活化

新课标强调向生活回归，强调教学应结合生活中的实例进行，要让学生在生活中学，在生活化的情境下感受知识的魅力。要落实和响应这一理念，在生活中备课，不失为一个明智的选择。

生活中蕴涵着丰富的教学资源，只要我们善于去挖掘，有大量的资源我们可以利用。因此，教师备课要体现生活化的理念，使教学贴近学生生活，使得备课备出特色。

每个人的生活都是一个独立的世界，人和人的生活不可能实现完全的交集和重合，个人特色，是个人生活的本质特征。教师在备课时要善于利用自己身边生活中的有效资源，让备课染上自己的个人特色。

在生活中备课的一个含义就是充分利用生活中的资源，让自己的教学充满生活化的色彩。日常生活是一个人“生于斯、长于斯、生老病死于斯”的所在，是一个人“再熟悉不过”的所在。相对于教学中的抽象概念和命题而言，日常生活中的实例具有形象化、具体化、生动化、直观化的特征，如果教师善于在生活中发现资源，将教学中的知识结合这些生活中例子进行讲解的话，那课堂教学的功效，又何愁不收“事半功倍”之效呢？

在生活中备课的另一个含义是教师备课观念和备课态度的转变。备课本是教师的一种职业行为，是教师职业生活中的一项活动，和日常生活有着“风马牛不相及”的关系。将备课仅仅视为一种职业化的活动，一种在“上班时”才做的事情，大大降低了备课的效率和意义。众多优秀教师的经验告诉我们，要进行“长备课”，要“用一生的时间备课”，这其实也是在生活中备课的另一种说法。有了这种备课的态度和备课的观念，教师就能在生活这个大课堂中随时随处“打磨”自己的教学设计。俗话说：“好课是磨出来的”，“天天想，日日思”，这样的课堂，必定也是充满活力，充满特色的课堂。

因此，在生活中备课，不仅仅是单纯就利用生活中的资源来进行教学而言的，它还意味着教师备课态度和备课观念的转变，探索如何在生活中备课，是摆在我们每一位教师面前的重大课题。

那么，在现实的备课活动中，我们应该如何进行“生活化备课”呢？

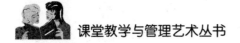

一、在学生的生活中备课

教育学和心理学研究表明：在教育过程中，只有当外部的教育因素触及学生内在的精神需求时，才能使受教育者处于一种积极的接受状态，从而产生良性的内化过程。中学时期正是长知识、长身体的时期，是世界观、人生观、价值观形成时期。中学生正值青春年华，风华正茂，有着丰富的精神需求。他们求知、求美、求真、求友谊、求有价值的人生，更渴求得到理解和尊重。因此，教师若能走进学生生活，并立足于对学生的实际情况去准备教学，必能使思想政治课增强吸引力。为此，教师备课应做到：

1. 了解学生生活，寓教于需

教师可通过课间谈心、个别谈话、座谈会、民意调查等形式，多渠道接触学生，了解他们的精神需求，在备课中就可以有的放矢，尽量满足学生的需求，这往往能收到意想不到的效果。

2. 关爱学生生活，寓教于情

“人非草木，孰能无情。”情是打开心扉的钥匙，是沟通心灵的桥梁。教师投给学生一份爱，学生就会回报教师一份情。一般说来，学生对某位教师情感越深，就越爱听他的课，所谓“亲其师而爱其道”。因此，教师在教学设计时，应充分了解学生的内心世界，考虑学生所急、所忧、所乐，而后因势利导，这样就能得到学生的支持。

3. 感受学生生活，寓教于趣

爱因斯坦说：“兴趣是最好的老师。”而学生对课堂教学兴趣不高已成为提高课堂教学实效的主要障碍。因此，教师备课更应重视学生的兴趣，想方设法吸引学生的“眼球”。这就要求教师深入学生生活，弄清学生对什么感兴趣，注意学生的关注点，这样才能在教学设计中最大限度地调动学生的积极性、主动性和创造力。仍以政治教学为例，如：人们最关注的一般居民生活问题、尤其是农民增收困难问题；人们最担心的社会稳定问题；人们最痛恨的腐败问题；入世后中国经济发展的态势问题；伊拉克战争后国际政治格局的发展趋势问题；市场经济条件下人们应具有的道德观问题等。这些问题有的尽管还未定论，却是中学生非常关心又非常想弄清的问题，在课堂上适当作些探讨，能激发学生的兴奋点，集中学生的注意力，调节学生的身心，提高学习效率。

二、在教师的生活中备课

实践性是新课程最大特点之一，课堂教学中很多抽象的理论原理都可以在现实生活中直接得到印证。教师如果能以其特有的洞察力和敏锐性观察生活，就能捕捉到丰富而新鲜的教学素材。因此，教师应该养成特有的职业习惯，试着在自己的生活中备课。首先，可以在文化娱乐中备课，听音乐、看小说可以搜集到许多有益的教学素材。如：歌词“山不转水转”、“星星还是那颗星星，月亮还是那个月亮……”清晰地包含了“运动与静止的关系”；歌曲《春天的故事》则叙述了社会主义建设的两个转折点；歌词“跟着感觉走”则是一个很好的辩题……教师如果在教学设计中能够充分运用这些学生喜闻乐道的歌词和小说情节，不但能够吸引学生的注意力，充分调动学生的积极性，而且也可以引导学生养成在生活中觅道理的学习习惯。其次，可以在人际交往中取长补短，充实备课资料。“三人行，必有我师焉”，任何人不可能窥透一切社会现象，更不可能体验任何生活方式。因此，在人与人之间的交往中可以得到自己无法得到的材料。

因此，教师应做生活的有心人，多听、多看、多记，善于从生活中提取有效信息，引导学生用丰富的感性材料去理解抽象的道理。

三、在广阔的社会生活中备课

让课堂充满时代信息，这是时代的呼唤，也是课堂教学应有之义，更是新课改一以贯之的精神。这就要求教师在教学设计中能及时把国内外发生的大事和社会上普遍关注的焦点引入课堂，把课堂教学放到一个大的社会环境下进行，使学生的学习投入到绚丽多姿的现实生活中。让学生在广阔的社会中发现和收集资料，并在课堂中讨论和论证，使学生在对自己手中第一手资料的论证分析中理解知识的含义。这种教学既有效地锻炼了学生的实践能力、分析和解决实际问题的能力，又使他们在更深层次上锻炼了自己的探索精神。

特色备课力求创新

创新是特色备课的本质特性，创新是时代对教育提出的一项使命和要求，所以，备课也要求创新，从而实现教学创新、教育创新。

教师不是传声筒，把书本的东西由口头传达出来，也不是照相机，把现实复呈出来，而是艺术家、创造者。

特色备课应力求创新，只有创新，才能使课堂教学永远充满勃勃生机，实现教师和学生在课堂教学中的生命成长，才能丰富教育教学的意义和价值。

创新是特色备课的本质特征，这里所谓的本质特征，是说这一特征是一事物区别于他事物的关键所在，如果没有了这一特征，该事物则不再是他自己。我们无法想象没有创新的特色，一切创新应当都是属于个人的创新，因而都是有个人特色的创新，一切特色都是建基于和别的事物不同的基础之上的，因此，一切特色也都是有创新的特色。创新和特色，就像阳光和阴影，永恒相随。

创新是潜藏在平静的生命表象下的暗流，是推动生命不断向前，向上的原动力，是生命充满活力的最好体现。一个没有创新的生命是枯萎的生命，是形同朽木的生命，是终究要被历史抛弃和遗忘的生命；一项没有创新的活动是机械的、枯燥的、简单的、重复的、没有自己内在生命价值的活动；作为以培养生命成长为己任的活动——教学的前奏，没有创新的备课是无法实现教学的价值的，是无法满足人的全面发展的需要的。

创新是时代发展的呼喊，也是时代对教育提出的一项使命和要求。新时代的教育将培养人的创新精神作为自己的一项重大使命，作为教学活动中的一项重要活动，备课也应当力求创新。只有备课创新才能实现教学创新，只有教学创新才能实现教育的创新，只有创新的教育才能培养具有创新精神的人才，这是一个环环相扣的活动。

创新是时代精神的内涵，也是一个合格教师应该追求的品质。只有教师自身拥有创新的精神和品质，才可能培养出具有创新精神和创新意识的学生。特色备课要求创新，特色备课应该力求创新，这是教育的使命，更是教师的使命。

在现实的备课活动中，教师要想有所创新，需要注意以下几个方面的事情。

一、认真钻研教学大纲，力求创新

教学大纲是对教学目的、教学内容等做的“纲领性”的规范和指导，认真钻研教学大纲，是创新的前提和要求。在钻研大纲的基础上进行创新，首先是教学目的的创新。教学目的的创新主要体现在结合教学内容，确定全面提高学生素质的教学目标，改变为“分数”和“升学”而教的做法。教学内容也要创新，教师要认真研究教学内容中的德育因素及与其他学科相关的知识内容，教给学生新的知识，做到有的放矢，详略得当，更好地掌握教学改革的方向。还必须认真吃透教材，掌握编者的意图、知识的体系与层次，明确教学目的与要求，把握教材的重点、难点和关键。精心巧妙地组织教学内容，合理地选择教学方法，培养学生的创新意识，发展学生的创新能力。

二、深入了解和掌握学生的实际，用全新的眼光看待学生

改变教师以往的见“物”（教材）而不见“人”（学生），闭门造车的状况。在深入研究教材和大纲的同时，深入地了解和掌握学生的特点才能够从学生的实际出发，做到讲得不多也不少，不深也不浅，既合乎学生的接受能力，又能激发学生的创新意识。能充分地调动学生的积极性、主动性，充分体现教师的主导与学生主体的教学原则，做到因材施教，提高教育教学效率。

三、合理选择运用教学方法，力求创新

必须以学生为主体，采取师生互动、多向交流、合作学习、自主探究、大胆动手实践等方法，激励学生创新。它包括教师教的方法，也包括教师指导下学生学的方法，能使学生上课时处于最佳状态，形成强烈的学习动机和学习态度，由苦学变为乐学，由学会变为会学。教师要根据具体的教学目的、教学任务、教材内容的特点、学生的年龄特征和知识基础进行综合分析，把多种教学方法有主有次地有机结合在一起，创造性地加以运用，才能够提高课堂教学效率和提高教学质量，培养学生的创新能力。

四、借鉴资料，力求创新

科学合理地借鉴资料，能够补充教学、教研和教育科研知识，能够使教学和教育科研达到更高水平。借鉴资料并不是照抄照搬参考书，不能把教学参考书当作支撑的拐棍，参考资料上怎样写就怎样抄，课堂上就怎样讲。而是在借鉴中拓宽知识补充自己的不足，并且将借鉴的资料创造性地加以综合运用，做到有取有舍，取其精华，去其糟粕，为自己的教学服务。

五、精心设计教案，力求创新

教案的设计并不是课文的抄录，也不是所有参考资料的掺和，更不是别人现成教案的“大挪移”，而是教师对教材和各种资料进行科学的加工的成果。教案设计的创新主要应体现在教学各环节上的创新，利用学生的好奇心激发学生学习新知识的愿望，想方设法紧扣学生的心弦，使他们产生非学不可的欲望，主动地探索新知识。在教案设计过程中，不仅应该重点突出，讲授内容深刻系统，而且还要从学生的年龄特点和知识基础出发，确定教学内容，安排教学程序，合理地确定教学方法，掌握并且运用现代化的教学手段的优势来发展学生智力，培养学生的创新能力。

特色备课得让学生参与进来

根据新课程倡导的教学过程观，教学过程是师生交往、积极互动、共同发展的过程。因此，备课也应该是师生交往、积极互动、共同准备的过程。

教师备课，不妨让学生参与备课，让学生一起钻研教材，一起搜集资料，一起预设教学中可能出现的这样或那样的问题，并找出应对的相应办法。这样会大大培养学生的自主创新意识，让备课富有特色，让教学更加精彩。

师生合作备课，需要学生的主动参与，需要师生之间的交往和互动。实行师生合作备课，体现了对学生的尊重和信任，体现了教师角色的转变，体现了师生关系的改善。

课程标准强调要“充分发挥师生双方的主动性和创造性”，这一点应该从备课开始得到落实。从课前到课中，有时教师做主，有时学生做主，有时商量决定，师生关系变成了“你中有我、我中有你”的关系。学生参与备课，其主体性从源头上开始得到体现。

通过学生的主动参与，备课已经变成了学生自主学习的一个环节。对教师来说，备课必须做到以学生为本，从学情出发，从而采取相应的教学策略，做到以学定教。师生合作备课的过程，就是一个了解学情，确定教学重点、难点，选择教学策略的过程。

在师生合作备课中，教师要尊重学生的自主选择权，准确把握学生的认知起点，以学生为本，从学情出发，确定教学的重点、难点，关注学生的个体差异。从而采用相应的教学策略，做到以学定教，消除无效劳动，提高教学效率。

如前所述，新课程倡导的教学过程观是师生交往、积极互动、共同发展的过程。按照课改要求，师生在课前进行交流互动已是教学过程的开始，上课是备课的延伸，备课、上课的信息反馈，都有助于改进教学工作，为新一轮备课提供科学决策的依据。因此，备课，就不能是老师单方面的事，而应该有学生的参与。

在具体教学实践中，合作备课的方法，要根据师生的时间、教材的内容、教学的需要等因素而定，要充分考虑合作的可行性和实效性，不必强求统一，也不一定要课课都合作。“行与其当行，止于其必止”，一切要根据实际情况来定。

一、合作形式

就合作的形式说，可以是教师与全班学生合作，或者与小组同学合作（一个学习小组，或者有意识地抽取各种层次和风格的学生），也可以与个别学生合作。和全班学生合作，需要一个集中的时间，可以利用早读、自习课，也可在本学科的课时内安排。和小组同学合作，是比较省时、省事而高效的一种形式，教师在备课时随机叫几个同学参与进来即可。而与个别学生的合作，比较适用于较深层次的合作。当然同一次备课也可将几种形式结合起来进行。

二、学生参与程度

就学生参与程度说，可以教师为主学生为辅，也可师生不分主次，还可以学生为主教师为辅，让学生独立备课执教，教师从旁指导、监控、协调。当然学生所处年段不同，参与的程度应该有所不同。在小学阶段，一般应该以教师为主，学生为辅。个别环节（比如识字）可以让学生独立准备，但教师也要当好参谋，否则，学生的设计可能难以取得好的效果，还会耽误教学时间。

三、备课内容

就备课内容说，主要包括钻研教材、确定目标、搜集资料、设计教学过程、制作教具学具等。以语文学科的钻研教材为例，可以包括读课文、学字词、提问题、谈感想，以及发现兴趣点、兴奋点、训练点、疑惑点等等。比如，请小组同学参与备课，可以让几个同学分别读读课文，看看各种类型的学生读的差别在哪儿，问题在哪儿；再让他们自由说说自己的感想，自己对课文的整体印象和看法；再提出感兴趣或感到疑惑的问题，相互说说自己的理解；最后对学习方式提出自己的意见。教师只需观察、倾听、记录，不必点评或纠正，做到心中有数即可。当然，教师也可说说自己准备提的问题，看看学生的反应，还可把自己准备安排的教学活动做个预告，听听学生的意见。

特色备课要求个性化的教学设计

教学设计要提倡个性化，这是尊重教师、尊重教育过程的表现。

个性化教学设计有三大特征：一是教学立意要体现教师对文本的独特解读；二是教学流程要做到环节简约、预设大气、思维开放；三是学生的学习过程要实现生命的独特欢愉，创设课堂自重的对话氛围、培养自由的阅读思想和自立的情感体验。

教师的个性是教师知识、技能、素养的综合表现和情感、意趣、人格的集中展示，其核心价值表现为一种崇高的精神追求，其终极目标表现为一种破中有立的建设。

新课程为教师提供了一个创新的平台，提供了一个可以施展个人才华的大舞台。新课程是教师和学生共同走过的一段生命历程，是师生共同创造的天地。而这一切的实现，皆要靠个性化教学设计。

教师上课是一种独立支配的运动过程，所以，它必然受下列因素的制约：教师性格气质、教师思维意识、教师实践体验、教师知识结构、能力水平、情感态度、价值观等。这些因素在教师教学过程中自然而然地流露显现，发挥作用，天长日久，一班学生便都染上了教师的个性特征。这个现象在基础教育启蒙阶段是显而易见的。

苏联教育家乌申斯基告诉我们："在教育中，一切都应以教育者的个性为基础，因为教育的力量只能从人的个性这个活的源泉流露出来。"苏霍姆林斯基也说："能力、趋向、才干的问题，没有教师的个性对学生的影响是不可能解决实际问题的。"所以，教学设计要提倡个性化，这是尊重教师、尊重教育过程的表现。

在教师进入具体的教学设计过程中后，教师的育人观念，价值选择，价值预设，教师的兴趣、需要，个性特征，教学风格都参与进来，在整个教学设计的过程中得到实质性的体现。而且，学生也开始在教学设计实施中开始参与再设计，在与教师进行直接的交互作用中，与专家，教材进行间接的交互体验。表现自己的学习个性、学习意志和学习爱好。这一切都是个性化设计的客观体现。

个性化的教学设计是基于教师实践智慧的，同时也是基于学生实践智慧的，是一种师生、专家、教材互动生成的动态发展的设计过程。但是个性化并不崇尚个性，藐视专家，而是以一种辩证唯物主义哲学思想去看待教学设计，个性里面包含共性，共性必须潜藏渗透在个性里得到表现。因为共性是规律的、原理的、宗旨的东西，是个性化必须遵循的东西，失去了共性的支撑，个性的东西就会走向异端，走向偏颇，甚至走向谬误。这是我们讲个性化的前提认识。

俗话说："合适的才是最好的"，在现实的具体教学实践中，教师如何才能拥有体现自己个性特征的，适合自己的，有特色的教学设计呢？

一、"前设计"中的个性化

前设计就是教师在对学生实施教学任务之前进行的方案式的设计。这个设计是教师根据教育资源所进行的教学设想，是相对主观的东西。在这个主观的方案里活跃着教师个人的知识观、价值观、教育观、学生观，活跃着教师的教学风格、兴趣、需要、情感、态度等等个性化的东西。《教育学原理》告诉我们：教育是一种价值引导，即指教育是投射着、蕴涵着教育者的主观意趣的引导活动，这种主观意趣内含着教育者的价值选择和价值预设。诸如：什么是高尚的？什么是美好的？什么有价值的？怎样做才是正确的？等等。价值引导体现着社会的意志，体现着教育者的人生追求和教育意向。价值引导只有建立在对人类历史发展轨迹深切的领悟上，对人类社会发展趋势高屋建瓴的洞察上，对学生成长的潜能和对他们充满期待的内心世界的关注和激励上，才能真正以教师的个性引导学生走向真善美的境界，才能为主体性人格的确立提供基石。

前设计中的个性化，基于教师对新课程的深刻理解，基于教师知识、能力、态度三维整合的教学目标意识，整合意识，也基于教师的文化底蕴，人生观和世界观。

因此，要实现教学前设计中个性与共性的统一，展示个性化的魅力，教师个人必须要有教育学理论的修养。必须要有接纳新课程的宽阔的胸怀，必须要有从理智到情感都能够树立起来的崭新的教学理念。也就是说，你要有专业的素养和文化的积淀。

二、"中设计"中的个性化

中设计是指教学过程中根据学生的需要、情境的需要，课程资源各因素相互适应的需要，对前设计方案所做的调整和改变，为课堂创新和教学生成所设计的临场应变的策略。教学中设计不仅包含着教师的个性化创造，而且包含着学生的个性化创造。

中设计中的个性化。师生互动，生成了一个又一个出乎预料的学习成果，真正体现新课标三维目标设计中过程与方法的创造性，体现了师生智慧的交互点燃，生命的碰撞成长。这基于和谐民主的师生关系；基于教学相长的课堂积淀；基于教师创新思维对学生创新思维的影响。

教学中设计的个性化考验着教师的个人经验、知识积淀，考验着教师的创新精神和创新能力。考验教师观念转变了没有，新课程的教学观念在你的意识里稳固不稳固，坚定不坚定。是不是已经从思想落实到行动，是否真正矫正了自己的教育习惯，改变了自己的教学行为。也考验着学生的知识积累、个人经验、学习的兴趣爱好、个性化倾向等学习所必备的内在因素，最重要的是考验师生关系。因为只有民主和谐的师生关系，才能构建富有弹性的课堂，才能发生互动和创新。

三、"后设计"中的个性化

后设计是指教学过程结束后，教师对于自己教学方案实施的有效程度，受挫程度，改造程度，创新程度进行的回顾和反思，一句话，就是对教学过程中课程各因素相互适应的程度做一个回顾、反思。这个回顾与反思是为了探究下一步的教学怎样跟本次教学承接、递进，下一堂课怎样能够比这一次上得更成功。

后设计中的个性化，体现在教师在每一课时，每一个教学环节之后积极的反思，进行再设计，对教学发展起到了推波助澜的作用，使得整个教学过程高潮迭起。这基于教师对学生的了解，基于教师的职业热情。同时，后设设中还存在一个弥补的问题，尽管从理论上不提倡，但是实际教学中是存在的，也就是教师对课堂上失策、失误的地方进行补救方案的再设计。这也是教师个性化的体现。因为个性化不全是优势，总有自己的弱势，在课后与同伴交流的过程中发现了，就要赶快进行后设计以补救。这基于教师的责任心，基于教师的专业发展愿望。

后设计中还有一个很重要的任务就是发现问题，留待自己再思考、再实践。一位校长讲过一句话："我不知道新课程是个什么样子的，但我相信，我们每解决一个问题，就是离新课程靠近了一步。"这话很有道理。新的教师培训资源包里，提出了新的教学设计理念，倡导我们要把教学设计贯穿到教学过程的始终。就是要我们重实践，在实践中发现问题、研究问题、解决问题。教学后设计是要我们教师经营一个教学过程之后，沉静下来反思的港湾。在这个港湾里发现问题、思考问题，用科研的态度去面对问题，把问题酝酿成课题，进行研究。逐渐朝着专业化方向去发展。

综上所述，新课程需要个性化教学设计，有效的教育教学需要个性化的教学设计，个性化教学设计能够成就教师的风格，成就教师的个人价值，真正实现"属于教师自己的"专业成长。

特色备课的板书艺术

教学中，精心设计板书，恰当运用板书，对发展学生思维、培养学生创造性才智、提升教学效果都会起到不可估量的作用。

好的板书是教学课堂教学内容的深化和浓缩，好的板书设计定能为我们的课堂增加一份亮色。

板书学权威王先生曾说："板书是反映课文内容的镜子，展现作品场面的屏幕；是教师教学引人入胜的导游图，学生学习中掌握真谛的显微镜；是开启学生思维的钥匙，进入知识宝库的大门；是每堂课的眼睛，读写结合的桥梁……"板书设计是一堂课的重要组成部分，是课堂教学的直观手段，是课文内容的再现，是文章主题的外显，是教学精华的凝练。

因此，在备课时进行有效的、精美的、富有教师个人特色的板书设计，就成了每一位有着有效教学梦想的教师的不懈追求。

对于成功的课堂教学来说，个性化的、优秀的板书设计是不可缺乏的，同时也是至关重要的。好的板书就像一幅意象深远的画，让学生透过画的表面，品味出它的精神，它的内涵，深入把握课文的实质，领会作者的写作意图。好的板书就犹如电子导航系统，不管你是身处蜿蜒盘旋的山间小路，还是行驶在纷繁复杂的城市街道，它都能带你轻松前行，助你理清课文层次，掌握课文内容，达到学习目的。同时也有助于学生把握重难点，理清层次，加深授课内容的印象，促进学生思维的发展。

好的板书是一份“微型教案”，能勾画出本节课内容的结构体系和知识要点，使新知识的教学成为学生上课时的注意中心，帮助学生掌握本节课的知识要点。笔者认为：无论教学手段多么先进，多媒体课件制作得多么精美，教学方法多么得体，都不能代替板书设计，精美的板书设计是一门艺术。

教学板书是艺术，艺术是讲究创造的，是需要教师花心血进行构思、提炼、创新的。每一幅新颖别致、独具个性、富有美感的艺术板书的出现，都是教师创造性思维的结晶。我们提倡在教学过程中重视板书，更提倡教学板书的新设计和新创意，提倡板书设计的个性化。只有这样，教学板书才能更好地为教师教学服务。

在现实的实践备课活动中，教师要关注个性化的板书设计，需要注意以下几个方面的事情。

一、板书设计应遵循的原则

1. 知识性与教育性的统一

各学科都有自己的知识体系，各学科教材也有自己的信息系统。教师教书育人要传授知识，板书就要体现“知识性”。教材范文具有思想性、人文性、情感性、审美性，板书就要体现“教育性”。俗话说，文章不是无情物，师生皆为有情人。一篇篇文质皆美的课文，蕴藉着作者深刻的思想、浓郁的情感。“动人心者莫先平情”，中小学教师要发挥教育教学“文道合一”的作用，用精练、精美的板书教育并启迪学生，使之形成鲜明的个性、健全的人格。教学板书既要有“知识性”，又要有“教育性”，两者相得益彰、彼此表里、相互统一。

2. 科学性与艺术性的统一

板书既是教材的准确反映，又是教师创造思维的结晶。一方面，板书表现教材知识要准确、内容要客观。教学板书能否发挥其“服务于教学”的作用，取决于内容的准确性、完整性、系统性。

准确性是说，板书内容要准确无误地反映教材，体现教师的教学意图。具体地说，板书表达的知识要正确、再现的信息要准确、反映的资料要无误、揭示的主题要客观。同时，能准确深刻地体现施教者的思想情感。

完整性，是指板书内容完备全面，体现教材内容的整体性。当然，在整体性的前提下，要突出重点，做到整体性与重点性的统一。

系统性，是指板书内容联系紧密、系统有序、条理分明、逻辑性强。这对学生把握教材的整体结构，了解作者的行文思路，培养学生系统整体思维能力有其重要意义。

另一方面，板书又要通过形象生动的形式给学生带来愉悦、美感。板书不仅仅是教材的反映，更是设计者对教材审美的判断，是教师审美意识、审美情趣的集中体现，是施教者用来对受教者施加审美影响的“艺术品”。板书的审美作用，通过板书的“美感”来实现。中小学教师应该站在美学高度，挖掘教材中的自然美、科学美、社会美、艺术美，设计出富有美感的板书，用以培养学生感知美、理解美、评价美、欣赏美、创造美的能力，从而塑造学生美的灵魂。板书之所以能给人以美感，除了内容的科学美、形式的外在美外，还在于板书内部组合安排的严谨、有序、巧妙，这是教学板书结构的艺术性所在。

3. 实用性与趣味性的统一

板书是为课堂教学服务的，所以要有实用价值。有学者认为，板书具有以下七大作用：体现教学意图，落实教学计划；理清全文脉络，便于提纲挈领；突出教学重点，深化课文内容；强化形象直观，加深学生印象；便于集中注意，有利训练思维；利于巩固记忆，增强教学效果；节省教学时间，提高教学效率。这是极为精练的总结。然而，板书又是调动学生学习积极性、主动性的重要手段，所以又要具有趣味性。一则板书实用性强，却不生动，虽也能为教学服务，但效果肯定要打折扣。相反，一则板书只重视形式的趣味性，而没有实际的操作价值，与学生不能“导学”，与教师不能“助教”，只是“花架子”，哗众取宠。

4. 常规性与多样性的统一

教学板书根据形式不同和使用多寡来分，有常式板书和变式板书。所谓常式板书，是指传统的文字式板书，中小学教师天天使用。所谓“变式”板书，是指“非文字板书”，如：符号型、线条型、表格式、示图式、板画等板书，中小学教师也要经常使用。教学板书千篇一律，激不起学生的学习兴趣，这就要求教师打破固定模式，根据教学的实际，设计出活泼多样的教学板书。

5. 继承性与创新性的统一

教学创新，要有板书创新。中小学教师要以设计新颖、独特的创新板书为己任，推动教学创新。当然，板书的创新要继承传统板书和前人的优秀板书。学习—模仿—创造，是任何艺术走向成熟的必由之路。我们提倡学习传统的经典板书，也鼓励在模仿、对照、观摩中评价批评，进而内化、升华，形成有“自己”特色的板书，这就是“继承性”与“创新性”相统一的板书原则。

二、板书设计的方法

1. 概括归纳法

教学板书是教师钻研教材、概括课文的产物，是中小学教师创造性思维的结晶。教科书中的内容大多较为复杂，板书却要简洁精练。因此，我们常常使用“概括归纳法”设计板书。所谓“概括归纳法”，就是用简洁的语言抽象教材内容、归纳教材知识的方法。“概括归纳法”类似学术论文前的“摘要”写法。在归纳教材内容、知识的基础上，要进行抽象、升华、深化，这样板书才有深度。这种板书设计方法，基于教师对教材的研究、分析及自身的概括能力。高度的概括能力，是抽象思维的良好品质，这种方法对培养学生的抽象思维能力也有较好的作用。

2. 图形示意法

教材是知识信息有意义、有规律的排列组合，往往抽象而深刻，学生难以理解，中小学教师就有责任帮助他们“解读”教材和课文。一个简单的方法就是用板书“图形示意”，即用符号、线条、图形，配以简要文字示意教材内容，变抽象为具体、变深奥为浅显。这种方法，基于教师对教材认真的钻研、高度的概括、独到的表达，反映教师的兴趣爱好、个性特长、技艺技能及审美情趣。

3. 板画赋形法

板书就宏观来分，有板书与板画。“板书”以文字为主，有时配以线条符号；“板画”以图画为主，一般不配文字。板画，又称简笔画、黑板画，是教师在课堂上以简练的线条，在较短的时间内高度概括勾勒出各种景物、事物、人物等形象的一种绘画。以板画（简笔画）为板书的方法，由于形象直观，也称“赋形法”或“描状法”。板画赋形法是中小学教师，特别是低年级教师常用的形象化的艺术教学方法。由于生动有趣，有利于集中学生注意力，激发学习兴趣，增强记忆效果，从而提高教学质量。赋形板画渗透了中小学教师的艺术情趣，有助于学生审美能力的形成和提高。

4. 表格解释法

表格是常见的教学板书形式，它几乎施以服务于任何文章和教材章节的教学，还适用于一组文章和知识信息的比较。表格不仅适用于传统的文字式板书，而且适用于电化教学演示。许多青年教师都喜欢使用多媒体进行教学，表格式板书为之提供了较好的选择。表格式板书最大的特点是信息量大、条理清楚、简约明了，有整齐、对称、均匀、清晰、简洁之美。

5. 比较对照法

比较是人们认识事物、分析事物的思维过程，是抽象思维的一种思维形式。准确地讲，比较就是运用对比的手段确定事物异同关系的思维过程的方法。如果把这一对比方法运用到教学板书上，就叫比较式板书。比较能起到深化、强化的作用，可以收到“不言而喻”的艺术效果。比较有许多方法，从性质上分有求同法、求异法，纵比法、横比法，定性法、定量法，综合法、专题法；从内容上分有知识比较、中心比较、人物比较、结构比较、语言比较、情节比较、文体比较、作者比较、背景比较、手法比较、风格比较、情境比较等等，用在总结、复习、单元教学上，效果更好。

6. 排列组合法

排列组合法是对教材中不同课文或内容的分类排列、综合叠加。从信息论上看，这叫“信息的交合”。具体地说，教材、课文中不同信息的组合会产生不同的感知效果。接近的、相似的，闭合的、连续的，对比的、形态完善的组合，较易形成整体知觉。板书设计应力求在时间上、空间上、逻辑上组成一个有意义的及有规律的系统。方法上，有时序组合、地域组合、事理组合、对比组合、相似组合、接近组合等等。

7. 夸张变形法

为了突出重点、难点，增强学习的趣味性和板书的表现力，教师可以运用变形、夸张的方法设计板书，以加深学生对教材内容的印象。这种方法用“漫画”的手法，儿童的思维，大胆设计创意，有强烈的艺术感染力和审美价值，深受学生喜欢。

特色备课要求关注学科特色

备课要关注学科特色，备出学科特点，形成有特色的课堂教学。

教师的备课，要体现学科特点，体现教师的特色和个性，这样才有利于教师教学水平的提高，有利于学生的发展。

语文的优雅、数学的严谨、历史的深邃、社会的广博、生物的奇妙……这一切都是学科教学这一殿堂里不可缺少的明珠，备课应关注每一学科的特色，备出学科的特色，形成有特色的课堂教学。

学科的特色就像人的个性，是该学科区别于其他学科的基本特征，是该学科立足于学科之林的唯一资本，没有自身特色的学科也就是没有教育教学价值的学科，很明显，这样的学科是没必要存在的。备课关注学科特色，培养学科特色，其实就是要充分利用和挖掘这一学科内涵的教育教学价值，实现学科的育人功能。

学科的特色就像一把利剑，如果运用得当，则能够直抵人心灵的深处。和具体的学科知识不同，学科特色就像一个人的气质，是学科知识、学科教学方法、学科理念、学科体系、学科规律等的综合体现和表征。从这个意义上，备课关注学科特色，其实是要教师对学科的知识点、教学方法、教学手段等有一个整体的把握，统筹的安排和运用。其实是要教师深刻地挖掘学科知识背后所蕴涵的深刻的人文内涵，实现学生情感、态度和价值观的养成，在终极的意义上，落实新课程所倡导的三维目标。

新课程倡导学科资源的整合，强调学科之间的渗透和跨越，但无论整合也好，渗透和跨越也罢，都要建立在学科自身特征明显的基础上。没有了特征、个性的学科，谈不上与其他学科之间的整合和渗透，区别是联通的基础和前提，这是一个人所共知的真理。

备课关注学科特色。要求教师在备课时要有一个整体的和全局的观念，不要为“零零碎碎”的知识所羁绊，要善于透过现象看本质，看出学科的本色来。关于这一点，我们不禁想问一声，教师，您准备好了吗?

在现实的备课活动实践中，立足于本学科的特点，进行教学特色的创设，需要注意以下几方面的事情。

一、教师应该联系工作实际关注学科教学研究

根据素质教育及课程改革的推进要求，学校教育和学科教学应该关注、培养、优化学生的终身发展能力，这本身就需要教师自觉优化终身发展意识和相应研究意识。随着课程改革的推进，人们普遍注意到克服教师、教室、教材“三中心”的传统教学观念的弊端，关注教学应该具有的生活化、综合化和信息化“三化”特点，学科教学自身应有的

学科特色有时却被人们淡忘和忽视。其实，学科自身的特色和教学所具有的“三化”的特点，不是非此即彼的矛盾的两级，而是辩证统一的，是共性和个性的关系，无论是失去了个性的共性，还是没有共性的个性，都是不能想象的。教师应该联系工作实际，关注学科教学研究，积极探讨如何发挥本学科育人的特定作用。

二、适应时代要求创造和优化特色

新课程改革的推进及学生的健康成长，都要求一线老师分别根据各学科实际，关注各自的特定地位作用，着眼于优化学生科学精神和人文素养的需要，积极主动参与课程建设和创造教学特色。以语文学科为例，语文学科作为较为重要的基础性学科，应该坚持以相关教学内容为载体，着力于引导学生主动参与教学情境过程，力求使之自觉实现语言运用、形象描述、情感培养和学科思维等能力的优化。这也适应知识经济时代发展和创新型国家建设的需要，体现了培养现代人才必备的信息处理和交际协作能力的必然要求。

三、创造学科特色需要教师素质的不断优化

一切教育教学理念只有经过教师的教学活动才能得到落实和有效实现，创造学科特色需要教师素质的不断优化。教师需要自觉贴近课标、贴近社会、贴近学生，学科特色的充盈之源，就在于教师对课标要求的理解，对社会、对生活的有效关注，对学生认知阅历和认知心理的把握。另外，教师要自觉坚持师生共为主体的意识：教师应发自内心地尊重学生，创设学生愿意并能够理解的实际情境，与之平等互动合作探究，恰当处理预设与生成关系，力求变“给水”为师生共同找水和造水。

第三章

效率备课

高效备课要博采众家之长

教师备课不能只靠辛苦和蛮干，要讲方法。而快速提高备课能力的最好办法就是学习借鉴名师的备课经验，在博采众长的基础上，形成自己的备课思路和备课风格，从而使自己的课堂教学达到满意的效果。

教师备课，要博采众家之长。只有博采众家之长，才能取长补短，才能使自己课堂教学达到较为满意的效果。

一个人的智慧是有限的,集体的力量是无穷的。只有站得高,才能看得远,集体的智慧和经验,为我们提供了一个远超地平线的起点。备课时充分翻阅前人的资料,从中吸取他们的经验和智慧,便是将自己备课的起点奠基在了这样一个远超地平线的起点之上,它可以让教师在备课的征程中走得更远、更顺。

蜂采百花而终成一家之蜜，教师在备课时，不妨查阅相关的精彩教学设计，进行对比分析：哪里我想到了，哪里我忽视了？别人的设计好在哪里？自己的设计又有哪些缺陷？对于别人教学设计中的优点和长处，要像蜜蜂酿蜜那样进行吸收和借鉴。在吸收、借鉴的基础上，对自己的教学设计再进行优化组合，这是一个优化教学设计的过程，更重要的，它也是教师学习的过程，提高自己素养和教学水平的过程。

一个很明显的事实是,教师并不是一种只需要辛勤就能做好的工作,更多时候,起点处的巧妙手段,是可以将自身成长的路程缩短很多很多的。更何况,现在是网络时代,不仅书店里有着铺天盖地的教学著作,图书馆中有着成千上万的教学文章,而且网络还以它的博大与宽宏,为人们提供了纵情驰骋的空间。当我们拥有了这么良好的备课条件时,我们有什么理由放弃这些宝贵的财富不用,而只凭借个人的微薄力量蜗行摸索呢?

教师备课时要博采众家之长，这是有效备课的基本要求，同时也是教师自身成长的有效途径。

博采众家之长绝不是“生搬硬套”式的随意借取，也不是不加思考和改造的全盘吸收，而是在博采众家之长的基础上，形成自己的备课思路和教学风格。一般来说，在现实的教学实践中，教师博采众家之长，形成自己的教学风格，要注意以下几个方面：

一、博采众家之长要有针对性

博采众家之长要有针对性是指教师在学习借鉴别人的备课经验时，注意结合个人特长或教学需要有选择的进行，而不能漫无目的，看见什么就学什么，适合自己的才是最好的，要有一个选择判断的过程。

针对性要求教师要有选择地学习别人的备课经验，选择的内容正确与否，直接决定着学习的效果和成败，所以应当慎重地对待。首先，选择的学习内容应针对那些教学中亟待解决而没有解决或解决不力的实际问题；其次，选择的学习内容应当切合教师自身的实际，是教师经过努力学习可以“学以致用”的，应适合教师的个性和特点，有助于教学特色的形成；最后，选择的学习内容应当符合学生的实际，应是那些确实可以针对学生具体应用的教学方法和教学经验。

在博采众家之长时，教师应注意及时总结经验，归纳其典型特点，然后推广渗透到整个教学活动之中，以形成鲜明而独特的个人教学风格，这才是博采众家之长所要最终达到的目的。

二、对于学来的东西要注意在实践中升华

在理念上接受和学习一种东西，仅仅是接受这个东西的第一步，要想真正地“取他人之长，为自己所用”，还要在实践中对学到的东西不断地磨炼和升华，最终形成自己的东西，才能在使用时得心应手。

在实践中升华要求教师善于总结、整理自己的和别人的教学经验。教学经验的积累要点滴进行，涓涓之水可以汇成江河。优秀教师们都是非常重视教学经验的总结、积累的。采用的形式有：坚持记教学日记，写教学后记，写随感、随笔，写学期、学年总结，甚至写调查报告、论文论著等。实践证明，这些都是行之有效的。实践中升华重视从感性经验到系统理论的升华。从感性认识到理性认识，是认识过程的一次飞跃。实践中升华正是着眼于这一“飞跃”的。

三、学习时注意进行理论渗透

学习时进行理论渗透，是指教师在博采众家之长时自觉地以先进的教学理论或教学思想为指导。这需要教师如饥似渴地学习、研讨教育教学理论，思考其实践精神；将所学教育教学理论自觉地运用于实践，以指导个人教学活动，实现教育教学特色；将教学特点培育发展，形成鲜明的教学

风格，等等。所有这些，都体现着理论指导的价值和理论演绎的特点。

理论渗透特别强调理论的指导价值。对此，著名数学家陈建功曾有一个精辟的比喻：理论好比老鹰，实践好比小鸡，一旦掌握了理论，就居高临下，势如破竹，不可阻挡。因为理论的指导可以提高实践的自觉程度。

四、学习时注意兼容并蓄

兼容并蓄法是指教师对他人备课经验之长广采博收，利用综合优势使自己的备课获得整体最佳效能。兼容并蓄一般包括如下一些形式：选择优秀备课方法若干种，认真研究学习；通过分析、感受，找出每种备课方法的本质特点及构成因素；将各种备课方法之长熔为一炉，运用于自己的备课实践；通过反馈信息进行检验，评价其教学效应，调整各种备课方法之长组成新的结构，成为一种新的备课方法等等。所有这些做法具有一个共同的特点，就是复合借鉴他人备课方法之长。

兼容并蓄法是“集优”创造学习法，即综合各种备课方法之精华，集于自己备课之一身，从而使之具备令人耳目一新的风格特色。如青年思想教育艺术家李燕杰教授将各种艺术风格之长熔于一炉，用于自己的教学和演讲，使之具有“相声般的幽默、小说般的人物形象、戏剧般的矛盾冲突、电影蒙太奇的手法、诗朗诵般的激情”。整个教学形成光彩照人的风格特色和引人入胜的风格魅力，这就是广采博收、兼容并蓄的结果。

兼容并蓄法要求教师对“兼容”的方法进行组合建构。“兼容”不是他人之长的简单相加,更不是无序混合而成的“大杂烩”,而应当进行必要的优化组合与整体建构。如果没有这个过程,那么被兼容而来的他人之长就会永远是他人的,即使勉强凑到一块儿,也会因缺乏内在凝聚力而松散混乱,最终失去其生命力。

高效备课要抓住教学重点

教学重点是教材中最基本、最主要的，在教材中占有重要地位和作用且对其他内容学习具有重要影响作用的知识，就是知识的关键点，它是备课的重中之重。因此，有效地备课，抓住教学重点是关键。

我国教育家陶行知先生在《育才十字诀》中说，“与其把学生当作鸭儿填入一些零碎知识，不如给他们几把钥匙，使他们可以自动地去开发文化的金库和宇宙之宝藏”。这里的“几把钥匙”指的就是学习方法。而如何把握教学中的重点，就是其中的一把十分重要的钥匙，它不仅是学生在学习中要掌握的钥匙，更是教师在教学中必须掌握的钥匙。

教学重点是教学内容中诸要点中的核心所在，是教学内容的主要矛盾。打蛇打七寸，教师处理教学内容时要善于抓住主要矛盾，只有这样，才能更加方便和顺利地完成教学任务“输送”教学内容的目的，并在此基础上实现学生其他方面的发展。

教学是一个双边互动的过程，学生是学习的主人，教师是学生学习的组织者、引导者、合作者。所以，教学活动的一切都要围绕学生的发展展开，而教学重点的确立与突出必须从教案的编写、教学方法的选择、教学过程的设计、教师角色的转化等诸多方面体现出来，它是教学成败的关键。如何抓住和处理好教学重点，是对教师综合素质和教学水平的考验，也是一个优秀教师和普通教师的关键区别所在。

教学重点是教学内容中“高屋建瓴”、“牵一发而动全身”的所在，教师对其要“抓住一点，不及其余”。其实，只要抓住了教学重点，其余的问题自然就会迎刃而解。因此，教学重点也是教学内容中的“桥头堡”，是“威震八方”的“知识重镇”。教师要想上好课，实现教学的有效性，就必须对待、处理好这个“桥头堡”，“善待”这个“知识重镇”。

由此可见，教师在备课实践中，要抓准、抓住、抓好教学重点。

备课时抓住教学重点，要求我们教师要注意以下几点。

一、科学确定教学重点

1. 认清“教材重点”与“教学重点”

因为在实践教学中，往往有许多教师将教材重点和教学重点混为一谈，认为它们是同一概念。而事实上并非如此，它们是既有联系又有区别：教材重点是通过教学重点得以体现和落实。教学重点的基本材料主要是教材重点，甚至两者内涵完全一致，但教材重点主要是根据教学内容的逻辑结构确立的，一是课文本身内容的重点，二是年级和单元训练的目标；而教学重点指的是为了完成教学目的需要重点指导训练的部分，是教学过程中的一两个关键性的环节，是教学要点中占关键性的一两个要点。

2. 教学重点的确定要以学生为本

首先，教学重点的确定必须以学生的现状为出发点，这是以人为本的科学发展观在教学中的具体体现。学生人数多，差异在所难免，所以对不同现状的学生而言教学的重点就应该不同。

其次，教学重点的确定，必须以激发学生的学习兴趣为出发点，从而激发学生爱学习、善思考、爱探究、主动与老师合作的进取精神。尤其一些枯燥乏味的学科，更使一部分学生望而生畏，所以教师要引导学生经历“学知识”的过程。并在这个过程中，与学生平等交流，给以恰到好处的点拨，特别要体现在引导学生思考和寻找眼前的问题与自己已有的知识体验之间的关联，把学生置于目前问题的情景中，营造一个激励探索和理解的气氛，提供富有启发性的讨论过程。老师应该鼓励学生表达，加深理解，对不同的答案进行讨论，与学生共同分享彼此的思想和结果，并重新审视自己的想法。教师要善于抓住学生关注问题的重要方面，及时提示那些出现在学生中的新鲜有意义的交流、经验。

3. 应充分考虑知识重点和教学过程与方法的综合

教学重点的确定必须是知识重点与教学过程和方法的有机结合体,从而使每个学生都能获得必须的且有价值的知识。它的途径可以有多种,但最基本的应当是从学生熟悉的生活背景中发现知识、掌握知识和运用知识,在过程中体验知识与周围世界的联系,以及知识在社会生活中的作用和意义。

二、合理处理重点

1. 备课突出重点

确定了重点和难点之后，在备课的过程中对重点问题就要花费功夫去弄清搞透。具体地说，重点的名词概念、主干理论、核心内容等要下工夫钻研，切实弄清它们的“来龙去脉”。在时间的安排上要向重点倾斜，语言上要加重语气，在板书设计上要用着重号标明，留作业、提问同学回答问题要围绕着重点，下次复习上次课的时候要回顾重点。这样有意识地强调重点、突出重点，使学生对重点问题有明确的认识。

2. 举例说明重点

教师在备课的过程中为了说明重点,要精选实例说明重点,对例子要精雕细琢,举例要恰当、简练,举例之后要进行总结,例子是为重点服务的。教师要切记,举例一定要简练,不能让例子占用的时间过长,值得注意的是,有的教师在讲案例的时候用的时间过长,以致冲淡了教学重点的讲授。

高效备课要突破教学难点

教师要着力想出各种有效办法来突破教学难点，否则不但这部分内容学生听不懂学不会，还会为理解以后的新知识造成困难。教学中，突破教学难点是指学生在教师启发、诱导下积极思维、深化思维、活跃思维、创新思维的探索过程。

在备课时，突破教学难点，是课堂教学取得成功的关键。

教学的难点是指学生不易理解的知识，或不易掌握的技能技巧。教师要着力想出各种有效办法加以突破，否则不但这部分内容学生听不懂学不会，还会为理解以后的新知识和掌握新技能造成困难。

教学中，突破教学难点，是学生在教师启发、诱导下积极思维，深化思维，活跃思维，创新思维的探求过程。在教学中，如果教师能够设置生动的问题情境，使学生面临解决难点的疑惑，引起思维冲突，激起学习情感，产生主动探究的愿望，这样的教学就会充满生机。因此，教学难点往往蕴涵着丰富的教育教学资源，如果教师突破难点，充分利用其中的教育教学资源，学生就能得到更好、更快的成长。

教学难点是锻炼学生意志、发展学生思维的“训练场”。我们知道，学生的学习过程也是思维训练的过程。太易的知识虽然学起来容易，但不利于发展智能，没有问题就无所谓思维，没有困难也不会有积极探索。而教学难点恰是教学魅力之所在、思维之源泉、探索之动力、创造之契机。在教学难点上处理得好，不仅学生能领悟知识，发展思维，而且可以磨炼意志，培养学习兴趣。从这个意义上来说，教师在处理教材时，必须分析教学难点，并设法找到突破难点的方法。

我们通常意义上所说的教学难点，即新内容与学生已有的认知水平之间存在较大的落差，分析这个落差，搭建合适的台阶，正是教学艺术性之所在。从这个意义上而言，教学难点是对教师教学能力的一种挑战和磨炼。研究如何突破难点是教师教学能力提高的有效途径。

一个很明显的事实是，在课堂教学中，教学效果的好坏往往取决于学生对教学难点的掌握情况。如果教师对教学难点处理得当，学生对教学难点的掌握良好，教学效果就好。反之，教学效果就难以保证。

在现实的教学实践活动中，突破教学难点的方法主要有以下几种。

一、形象直观法

由于知识抽象造成的难点，要以形象、直观、实践的教学加以突破。人类认识的一般过程是从具体到抽象，从感性认识到理性认识。有些理论性的知识，由于学生缺乏与此有关的感性认识基础，造成了理解上的困难。解决这类难点的方法是讲解时多用学生所熟悉的活生生的实例来讲解抽象的东西；或以形象比喻的方法，使抽象的理论形象化；或运用板书、挂图、录像等直观教具进行讲解，为学生理解抽象知识创造条件；或用模拟情景或参观现场教学，在学生实际体验的基础上讲清难以理解的抽象知识。

二、以旧引新法

由于缺乏基础知识造成的难点，要以“由旧引新，以旧带新”的方法加以突破。学生新知识的获得，必须是由浅入深，由近及远，由已知到未知，循序渐进。任何知识都不是孤立无联系的，如果学生学习新知识时缺乏必要的旧知识做基础，就会难以理解新知识。有些已学过的知识，由于时间过长，学生可能遗忘了，这也是正常的，此时教师应引导学生先回忆旧知识，在掌握旧知识的基础上导入新知识。

三、化整为零法

由于难点多难度大造成的难点，要采用化整为零、各个击破、分散难点的方法来突破。教学中经常会遇到这样的问题：一个大难点里面可能包含几个小难点，对每个小难点问题的理解直接影响到对大难点问题的理解。这时就要把这个比较难懂难解的大难点化成几个小难点，先指导学生弄懂了小问题，大问题也就迎刃而解了。

四、层层分解法

由于问题错综复杂、层次繁多造成的难点，要通过层层分解化复杂问题为简单问题的方法来加以突破。有的问题可能涉及大量理论知识，牵扯的问题较多，需要同时综合地运用多种理论知识去分析解决。这时先要细致地将问题层层分解开来，然后再联系学生熟悉的知识，逐步将复杂的问题转化为几个简单而又基本的问题，这样学生就易于接受。

五、分析比较法

由于内容相近或相似易混淆造成的难点，要通过反复对比的方法加以突破。有些概念或理论内容相近或相似，容易使人混淆，使人误解，这类问题学生往往按自己的主观想象来理解，结果造成差错。解决的办法是将内容相近或相似的概念或理论，反复对比，从分析比较中辨别正误，加深理解与记忆。

六、联系实际法

由于理论在日常生活和工作中运用较少，理论联系实际困难造成的难点，要用联系实际的方法来解决。理论联系实际既是学习理论的目的，又是掌握理论的手段。理论只有与实际相结合才能更容易理解和记忆，教师要善于寻找和运用恰当的事例来帮助学生加深对所学理论的理解。

高效备课，要做到精心预设

作为有计划的教学活动，预设必不可少，精心预设是课堂教学顺利进行的前提，也是动态生成不可缺少的前提。

有效备课需要精心预设，只有课前独特的成功预设，才可能有课堂精彩的动态生成，教师和学生在课堂上才可能有创造的空间和诗意的发挥。保护住课堂上可贵的生成资源，才有可能一次次点燃学生创新的火花。这样的课堂才是有效的课堂，这样的教学才是有效的教学。

新课程理念强调动态生成，强调课堂教学上“无法预约的精彩”，但这绝不意味着对预设的否定，而是对预设提出了更高的要求。作为有计划的课堂教学活动，预设必不可少，精心预设是课堂教学顺利进行的前提，也是动态生成不可缺少的前提。

预设是教学秩序的前提。作为有计划、有目的、有规律的现代教学活动，课前的准备必不可少。正所谓凡事预则立，不预则废，预设是现代课堂教学的基本特性，是保证教学质量的基本要求。教师在课前必须对教学目的、任务和过程有一个清晰，理性的思考和安排。没有预设的课堂只能是一盘散沙。没有预设的课堂，必将是混乱、无序、高耗低效的课堂，学生的学习效率低下，三维目标的落实更无从谈起。

预设是生成的前提,只有精心的预设,才能有课堂上精彩的生成。课堂上的生成不是“无根之源”、“无本之木”,而是来源于教师对课前的精心预设,这些预设包括教学内容的精心选择和处理、教学过程的合理优化和组织、教学方法的科学选择等。同时,预设是对动态生成在价值上的一种规范和导引,以确保生成符合教育教学的应有之义,符合学生身心的健康成长和发展。

精心预设是教师教学能力和教学水平的最好体现。一些优秀教师的教学之所以效果显著，根本的原因在于他的预设总有精妙之处和亮点，能够唤起学生的共鸣和兴趣。教学预设是由教师职业特征决定的，缺少精心预设的教学是不完善的，而不认真进行预设的教学是不负责任的教学。

生成的课堂充满了生命活力，但课堂也不能完全是师生的即兴创造，要想有精彩的课堂生成，必须在课前进行精心的预设。如何落实新课程的理念，在备课时精心预设，促进动态生成，是摆在广大教师面前的重要课题。

新课程理念下的教学，要求教师在进行预设时要注意以下几点：

一、教学预设应强调学生本位

以生成为本的教学理念反映到教学设计中，就是要由以教师的教为本位转向以学生的学为本位的教学观，确立为学习而设计、以学习为中心的“学程设计观”。这种设计观的实现，必须强调学生在具体环境中的互动影响，主张学习系统的开放性和生成性，着重培养学生思维的多样性和发散性。

以往教学中主要以“教师的教”为主线，学生只是被动地跟在后面走过场，很少考虑学生思维的求异性和发散性，学生没能真正成为学习的主人。因此“学程设计”就必须充分考虑学生的需要与可能，充分尊重学生的主体地位。

首先，教学设计要从学生真实的问题和经验出发，而不是从教材或教师假想的问题和经验出发。从实际出发设计教学，关键在于把握学生已有认识与新现象、新事实的矛盾，在于引导学生自己发现或创设情境帮助学生发现这一矛盾，这样才会引发有效的学习活动，才能真正让学生学有所思、学有所成。

其次，学生也应参与到教学设计当中。在传统的“教程设计”中，学生是孤立于教学设计之外的。学生作为教学设计的接受者，对教学设计没有发言权。即使在动态设计中学生有部分主动性，其主动性也是预先设计好的、是被赋予的，在多数情况下，是为了配合教师教的活动的需要。但学生也是教学设计的主体，任何学生都有权对教学设计提出自己的见解，都理应参与到动态的教学设计过程当中。这是因为，学生有自己的精神世界、价值取向和独特认识，这一切都不能用成人的价值观念和思维方式进行武断判断和取舍，学生应在教学设计中受到应有的尊重。

二、教学预设应预留空间

教学预设是必要的，但应是有弹性、有留白的预设。一方面，教学设计只是一个教学构想，而不是按部就班的精细严密的筹划，因此应该注重宏观设计，着眼动态生成，强调师生之间互动影响。这就要求教师在教学设计中，应充分考虑到课堂上可能出现的各种情况，并给教师和学生足够的留白，从而使整个预设留有更大的包容度和自由度，为教学资源的生成提供可能，为个体知识的生成创造条件。这就要求教师，要加强教学设计的研究，自觉"预设"各种可能的教学"生成"。如在阅读教学中，要求教师在教学预设中，既要预设阅读中存在的各种阅读体验，又要预设存在的各种困难；既要预设正确解读，又要预设错误解读；既要预设教师的解读，又要预设学生的解读；既要预设解读中的问题，又要预设解读后的反思；既要预设解读过程和方法，又要预设教学过程和方法。这是一种不同于制造标准化、统一性的解读方法为主的教学预设，这样的教学预设，内在地包含着课堂生成，潜在地隐藏着教学创造。

另一方面，对于"事无巨细"的精心预计，必须形成弹性化的教学方案，为真正的课堂生成留足空间、留下时间。这样，在教学程序设计方面，教师应着眼于宏观设计，将教学流程中的各个环节和可能出现的各种情况设计成活的板块，为教学的动态推进和有效生成创设条件。事实上，只有成功的教学预设，才可能有可持续的课堂生成。而成功的教学预设，是一种留给教学足够空间的预设，是一种包含着丰富生成性的预设，是一种宽容偶然性和突发性、促成多样性和创造性的预设。

三、教学预设应具有动态性

传统的教学设计以书本知识为本位，从教师的主观判断或教学经验出发，往往侧重于教学活动程序的选择、教学方法的确定、教学组织形式的安排等一系列程序化、细节化的准备。在这种设计观下，教学在过程实施之前就已经有了理性设计和程序规定，教学活动只能依据预设程序按部就班地展开，从而使"过程"演变成了"流程"。这种倾向于静态方案的教学设计，试图对教学的生成性有计划、有目的地加以严格控制，势必就会造成教学的呆板化和模式化，师生的创造力和主动性得不到有效开发。这种教学设计，只是教师的单向的传递活动，而不是交互动态的生成性教学过程。教学过程的动态性、复杂性和生成性，决定了教学设计要由传统的静态设计转向动态设计，这是以学生的学习为本位的教学观和以学生的发展为本位的价值观的必然选择。

教师只有在教学情境中及时对教学进行感知、判断和操作，按照在教学情境中生成的问题和过程特点动态地设计教学方案，并将成果适时地应用到教学实践中，使教学方案在实践中不断地调整并引导着教学走向深入，才能更好地促进个体知识的生成和发展，才能真正使得课堂生成的基本理念得到落实。当然，强调教学方案的动态设计，并非要全盘否定静态方案的设计，而是要以此为基础，根据课堂教学情境的具体情况，动态地调整静态的教学方案，使得预设的教学方案随着教学过程的推进不断得到改变和重建。

高效备课要关注学生的学习起点

教学活动必须建立在学生已有的认知发展水平和知识经验基础上，唯其如此，才能取得最优的教学效果。

充分关注学生的学习起点应落实在备课之前，教师有效备课要认真分析学生已有的知识经验和认知水平，找准学生的认知起点是非常必要的。

美国教育心理学家奥苏伯尔在《教育心理学》一书的扉页中指出："如果我不得不将教育心理学还原为一条原理的话，我将会说，影响学习的最重要因素是学生已经知道了什么，我们应当根据学生原有的知识状况进行教学。"因此，教学活动必须建立在学生已有的认知发展水平和知识经验基础之上，唯其如此，才可能取得最优的教学效果。

学习"起点"是指学习者在从事新的学习活动时，原有的知识水平、心理发展水平对新的学习的适应度，它也是教师教学的切入点。准确把握学生学习的起点，有利于调动学生的学习积极性，激发其学习愿望和学习热情，促使其进行知识的主动建构。

实践证明，教师要全方位地对学生已有的知识和经验进行了解，将教学建立在学生的学习起点之上，并在此基础上处理好共性和个性的关系，教学便能在学生已有的基础上拓展一些学生所没有的欠缺的内容，才能突出课堂教学的重点。在这样的教学中，学生也会越来越有兴趣，自主探究的欲望更加高涨，教学才能收到应有的效果。

一个很明显的事实是，我们的教学是环环相扣的。前阶段学生学习的知识、掌握的能力是后面学习的基础，学生对所学知识的掌握情况、能力的高低就是他们要学新知识、所需能力的起点。因而教师了解学生以往的情况，了解学生学习的起点，对于优化课堂教学而言，是非常必要的。

在现实的教学活动中，教师固然要关注和重视学生“应该的状态”，这是教学的目的层面，但同时也要关注和重视学生“现实的状态”，这是学生的起点问题。在课堂教学中，教师需要提出恰如其分的问题，过高和过低都不行。让学生“跳一跳方能摘到果子”，教师必须做一个“有心人”，用心钻研教材，用心体察学生，准确地定位学生的学习起点，同时将自己置于学生之中，弯下腰与学生一起思考。这样，所有的学生都能站在各自的“起跳点”上，运用自己的方式“跳一跳”，达到既“摘到果子”又提高学习能力的目的。这样的课堂，才是充实有效的课堂，才是生机盎然的课堂，才是有价值和意义的课堂。

在现实的备课和教学活动中,要关注学生起点,主要应注意以下几点。

一、准确认识起点

1. 关注逻辑起点：系统、细致地分析教材

所谓逻辑起点，指学生按照教材的学习进度，应该具有的知识基础。学生的逻辑起点是教师准确寻找教学起点的最基本前提。教师必须从整体上把握教材，理清现行教材的编排特点与编排体系，对每册教材所涉及的知识点、各领域知识结构的内在联系和分布情况需要细致地加以研究。只有将这些了然于胸，才能把握好学生的逻辑起点，确定好教学的重点与难点，找准教学的切入点。

如教学平行四边形的面积公式推导时，学生应该具有的知识基础是长方形、正方形的面积公式，而这知识点的学习距离该课时间已久。所以教学前教师需要相应的了解学生是否还记得长方形、正方形的面积公式，是否能熟练运用公式解决实际问题，以此来确定是否需要在教学时设计复习旧知识的环节。而探索三角形面积公式，教师应知道学生刚学习的平行四边形的面积公式是本课的逻辑起点，一般情况下不需要设计专门的复习环节，教学的重点应在于如何让学生运用“转化”思想探索面积公式的推导。

2. 关注现实起点，切实、深入掌握储备

所谓现实起点，指学生在多种学习资源的共同作用下，已具有的知识基础。以数学教学为例，在认识长方体、正方体、圆柱体、球体之前，学生对它们的基本特征已经有了初步的感知，能很快地区分不同的形体；学习“可能性”之前，学生已经有过从口袋里或书包里拿东西

的经验；学习“年、月、日”之前，已知道年有12个月……学生获得的这些关于数学的朴素的认识，直接影响并制约着学生的数学学习。因此，教师需要切实、深入地了解学生的生活经验与相关的知识储备，然后引导学生从数学的角度完善、提升已有的认识，实现从粗浅的生活经验向深入的数学理解的过渡。

3. 把握大众起点，让学生全员参与和全程参与成为可能

班级授课制下，我们最需要关注的是大众起点，即大部分学生的学习起点。对于一节具体课来说，教师需要了解：教学目标中的内容哪些是大多数学生已经掌握或部分掌握的，掌握的程度如何。还有哪些知识大部分学生是不会的。所教授的知识中，哪些是学生可以通过自学掌握的，哪些通过合作与讨论是可以达到目标的，哪些需要教师的引导与点拨……了解大众起点与相关的学情，教师就可以确定哪些内容可以略讲甚至不讲，哪些内容应重点进行引导，从哪个地方入手比较好。这样有针对性地进行教学设计，尽可能实现学生在学习中的全体参与及全程参与。

4. 把握个体起点：让教学顺利与精彩成为可能

大部分学生学习的现实起点高于逻辑起点，尤其是个别优秀的学生表现更为突出，而后三分之一的学生接受新知识较慢，其现实起点又低于逻辑起点。

如教学“体积与容积”课时，一位教师采用“乌鸦喝水”的情境，让学生理解为什么乌鸦能喝到水。当学生说到因为石头占据了一定的空间时提问：“谁知道石头占据空间的大小叫什么？关于这个问题，你还了解了什么?”这样，优秀生得到了发展的空间，他们精彩的讲解完全不亚于教师，而个别后进生则让他们模仿说说什么是书本、铅笔盒的体积，在动作的比划与多次反复的模仿中，他们也顺利地理解了体积的意义。

二、多角度入手，找准起点

1. 从已有的知识背景入手，捕捉学习起点

学生不是一张白纸进入教室。在信息社会，学生的学习资源具有多样性，家庭的教育，课外阅读材料的增加，各种媒体普及等，给学生带来了生动丰富的知识，导致一些学生的知识背景已经超过教材的知识点，即现实起点高于逻辑起点。这就要求我们要深入研究学生的知识背景，深入研究学生的知识储备，灵活捕捉学生真实的学习起点，根据学生真实的学习起点有效组织教学。

2. 从已有的生活经验入手，抓住学习起点

儿童从出生到上学，已经具备一定的生活经验。一些学生由于社会、家庭的因素，学习渠道不再仅仅只有教师和教材，他们从自己的生活环境中已经接触了很多的知识信息。有时他们的学习准备状态远远超出教师的想象，许多课本上尚未涉及的知识，学生可能已经知道得清清楚楚了。因此，教师要研究分析与学生相关的生活经验，从中抓住学生准确的学习起点。在此基础上，还要密切联系教学与生活的关系，对一些抽象的知识要配以生活原型，利用学生在生活中积累的经验来进行理解，以实现对新知的探索。

3. 从已有的思维方式入手，找准学习起点

教学不仅仅关注知识的传授，更关注学生思维的发展。在教学活动中，不同的教学内容可以用相同的思维方式来进行学习，不同问题之间的相似性，决定了思维方式的可迁移性。这里相似的思维方式，便是学生学习新知识的起点。因此，作为教师要对教材作整体梳理，对一些具备相同思维方式的内容要做到心中有数，在进行这些内容的教学时，教师只要稍加点拨，学生就能豁然开朗。

高效备课要备准教学切入点

教学切入点是指教师引领学生快速阅读教材、研究教材、把握教材的突破口，它既有利于学生学习新知识，又有利于教师操作、引导学生的学习活动。

教师备课，需要设计好切入点。一个好的切入点，能使学生产生学习的兴趣、研究的欲望、思维的火花。选择最佳切入点，往往能体现教师的教学艺术和业务素养。

课堂教学是一门艺术，课堂切入更是艺术中的艺术。也就是说，开讲前三分钟教师切入的好与坏，将直接影响到这一节课的教学效果。

教学切入点，是指教师引领学生快速阅读教材、研究教材、把握教材的突破口，它既有利于学生学习新知识，又有利于教师操作、引导学生的学习活动。

一个好的教学切入是师生间建立感情的第一座桥梁，它既能引发学生的学习兴趣，集中学生的注意力，又能激发学生的求知欲，为整节课的学习打下良好的基础，使整个教学活动进行得生动、活泼、自然。

良好的开始等于成功的一半，45 分钟的课堂教学是短暂的，如何利用好这段时间，让学生在老师简短的开场白之后，立即被深深地吸引，就成了高效课堂的关键。

准确、科学的教学切入点，能够将学习者迅速带入学习、探究的情境。这种情境有利于学生知识的学习，能力的提高和情感态度价值观的养成，有利于激发学习兴趣，有利于师生共同学习、研究、探讨教材，从而提高课堂教学效应。

准确、科学地确定教学的切入点，是对教学内容所进行的“提纲挈领”式的综合和概括，是教师科学处理教学内容后所形成的一个“点”，一个可以对教学内容进行有效渗透和辐射的点，一个能够将所学化难为简、化整为零，降低学生学习难度的点。

准确科学地确定教学的切入点，符合学生对教学内容的认知规律，即让学生经历由点到面、由部分到整体、由具体到抽象的过程，从而帮助学生理解和领悟教学内容。

教师们应当认真总结，采用合理的灵活多变的方法切入教学，激发学生强烈的学习需求和兴趣，带给学生挑战，使学生获得积极的、深层次的体验。

一、从教材内容找准教学的切入点

教学活动要素包括教师、学生以及教材。教材不仅是教师授课的素材，需要教师进行处理，而且也是学生在一定程度上选择学习和自主处理的素材。因此，教材与教师和学生存在着相同的互动关系，是学生获取知识的主要来源。如何充分利用教材，提高教材的可懂度，促进学生对教材知识的理解，提高学生的探究能力，是教师面临的一个重要课题。

1. 活化教材，从诱发学习动机切入

在平时的教学中，因为教材中所呈现的例题与学生的生活实际及知识背景有一定的差距，许多教师都大胆地改动教材，甚至抛弃教材。如果将教材赋予学生密切的情境，不仅可以激发学生的参与热情，活跃学生的思维，而且可以更好地帮助学生理解掌握知识。

活化教材主要有以下两种方法。

（1）营造内容有趣的故事情境。

在课堂教学中采用寓意深刻且轻松幽默的故事切入，学生会感到亲切、自然、有趣，唤起学生学习知识的兴趣。如一位数学教师在讲授《体积意义》时，教材中本有三幅图画，以帮助学生理解：石块放入水中，水面就上升，如果把小石块换成大石块,水面就上升得高,从而揭示物体所占空间的大小。由于学生们早就知道这一生活中的现象,因而对教学不感兴趣,教师就充分利用了《乌鸦喝水》这一轻松幽默的故事,带动了学生学习的积极性。

（2）营造内容生动的操作情境。

学生获得概念、掌握知识，在很大程度上取决于感性材料和感性经验的典型性和变式。切入新的学习内容时，如果赋予内容以生动的操作情境，就能调动学生的多种感官参与学习活动，提高学习的有效性。

2. “充实教材”，从引导探究切入

在指导学生自主探索时，常会有这样的情况：学生探索的热情很高，但“探索”的过程老套，毫无生气，这主要是因为教材的编写没有留给学生“探索”的空间。教师应能积极大胆地处理教材，为学生设计好“探索”的内容。

3. “整合”教材，从激发问题切入

在使用教材时，教师要能够深刻领会教材编写的意图，充分开发教材的潜在功能，结合实际，用好教材，但不应局限于教材。要根据学生的实际情况，让学生提出问题，并试着去解决问题，让学生真正参与到问题的解决中去。

二、从学生的角度找准教学的切入点

1. 抓住学生感兴趣的点来切入

心理学认为：“兴趣是人乐于接触认识某种事物并力求参与相应活动的一种积极的意识倾向。”古人言：“知之者不如好之者，好之者不如乐之者。”如果我们教师在了解学生的基础上，能从教学内容中捕捉到学生“好之”甚至是“乐之”的“点”，投其所好以此导入课文，那将会有效地调动学生学习的内驱力，达到以趣促学的效果。

一位教师在上《社戏》一文时,她切入的问题是:《社戏》一文中写到了很多孩子,你最喜欢其中的哪个孩子？就是这样一个简单的问题,却引发了学生非常认真地研读和探讨,他们在回答此问题时都能结合课文内容,摆出自己的理由和看法。因为这个切入点找到了打通时代、迫近孩子共同心灵之趣的契机,所以学生能畅所欲言,课堂就充满了生机。通过对这个问题的交流,学生自然就不难理解文中为什么花那么多笔墨写划船、偷豆等许多与看戏无关的材料及“再也没吃到那夜似的好豆,再也没看到那夜似的好戏了”这个深刻的主题内涵了！“兴趣是最好的老师”,我们的教学切入点如果使用了“最好的老师”的魔棒——兴趣，就能点石成金！

2. 贴近学生的生活来切入

新课程强调教学要回归生活，倡导教学内容和生活实际相结合，让学生在熟悉的生活场景中学习。生活是学生所熟悉的，如能从学生生活中找到教学的切入点，会达到“引生活之活水来浇灌教学之花”的效果。

一位教师在执教朱自清的《父亲》一文前，先让学生谈谈自己的父亲，然后用“文中的父亲与你的父亲相比又是一位怎样的父亲呢”这一问题来提问。由于课堂的学习是从贴近学生的生活开始的，所以他们感到温馨而熟悉，就会调动生活中的感情积累，通过比较、归纳等形式来理解学习课文。

3. 从学生的疑问处来切入

“疑”是学习的需要，是思维的开端，是创造的基础。古人云：“学贵有疑，疑则进也。”叶圣陶先生说：“教师对学生是有帮助的。所谓的帮助主要不在传授知识，而是在于引导学生自己去求得知识，也就是引导学生自己去发现问题，自己去解决问题。”可见从学生的疑点来切入教学，以具有挑战性的问题“挑”起学生探究的热情，让他们能“仰而弥坚”，越坚，钻得越起劲；“钻而弥深”，越深，就越锲而不舍，充分享受钻研思考过程的乐趣。不过，当解答疑问难度确实大于学生实际能力时，教师要给予一定的提示帮助，以保护学生学习的主动性和积极性。

在一节课堂教学中，学生预习了《故乡》这篇文章后，共同的疑惑是文末作者的议论：“地上本没有路，走的人多了，也便成了路”，教师于是要求学生就从这出发，带着这个问题再来读课文，探讨作者回故乡一趟为何发出这样的感想。结合他在故乡的所见所闻和当时写作此文的时代背景，也就自然不难理解作者通过这样的议论表达了改造旧社会，创造新生活的强烈愿望和坚定信念。

4. 抓住学生爱玩好动的特点来切入

爱玩是学生的天性。如果能把课堂中枯燥的知识融入到“玩”中，必然会极大地激发学生参与的兴趣，让学生在轻松愉快中学到知识。因此，教师如果在教学的初始阶段——导入环节就巧借游戏和活动的形式，能激发学生参与的欲望，极大地调动学生学习的积极性。

在进行《核舟记》这篇文言文的教学时，一位教师设计了这样的切入点：要求学生三人一小组讨论学习该文的第三节，同时请三位同学来扮演核舟上船头的三人，注意各人物的位置和动作表情。这样一个切入点符合学生好动好玩的心理，又加入了互相合作共同完成的乐趣，所以他们都会认真地学习课文，推敲文字，积极主动地配合演绎，相互提醒扶持，课堂学习气氛十分浓厚。在现实的实践教学中，只要抓住了学生的特点来找教学的切入点，教师就可以省时省力，大大地提高课堂教学效率。

高效备课要关注教学情境的创设

“创设情境”是教学中常用的一种策略，是教训和车为了支持学生的学习，根据教学目标和教学内容有目的地创设的教学环境。这种教学环境最大的好处就是利于学生对教学内容的消化和吸收。

营造教学情境是实施新课程有效课堂教学的有效平台和环境，教师在备课中，要根据不同的课程内容、教学对象来选择和创设不同的教学情境。通过创设不同教学情境，激发学生学习兴趣，使“苦学”变成“乐学”，从而调动学生的学习主动性和积极性，提高教学效益。

如果要一个人吃下 15 克食盐，肯定是很困难的事情，但要是将这 15 克食盐放进一锅肉里面，那它就成了必不可少的“美味佳肴”。教学情境之于教学内容，也恰似那一锅肉和 15 克食盐，将教学内容“溶解”于一定的教学情境中，教学内容便也成了学生必不可少的“美味佳肴”。

原国家教委副主任柳斌说过：“‘情境教育’的好处是把教材教活了，把课堂教活了，把孩子们教活了，把教学过程的育人功能充分地体现出来了。”所谓情境教育，实际上就是注重教学情境的设置。作为知识存在和应用的环境背景或活动，教学情境能够激发和推动学习者的认知活动、实践活动以及情感活动等，能够提供学习的素材。

人的学习活动总是在某种情感环境（特别是社会情境）中进行的。认知需要情感，情感促进认知。适宜的情感环境可以使学生产生学习的兴趣和愿望，可以使学生产生学习的动力，促使他们主动地学习、更好地认知。

学习的过程不只是被动接受信息，更是理解信息、加工信息、建构知识的过程。这种建构过程总是在一定的情境中，通过新旧经验的相互作用实现的。适宜的情境可以提供丰富的学习材料和信息，有利于学生了解问题的前因后果和知识的来龙去脉，有利于学生主动地探究和发散地思考，从而有利于学生认知能力、思维能力的发展，使学习达到比较高的水平。

研究证明，只有当学习的内容被设置在该知识的社会和自然情境中时，学习者才能体会到学习情境的意义，才能做到所学知识在其他情境中再应用的可能。只有在真实情境中获得的知识和技能，才能让学生真正理解和掌握，才能培养他们解决实际问题的能力。适宜的情境一般总是跟实际问题的解决联系在一起的，它有利于知识的综合运用，有利于学习成果的巩固，学生只有在真实情境中掌握知识，才能做到学以致用。

那么，我们在现实的备课活动中，如何创设教学情境，来促进教师的教学和学生的学习呢?

一、追求简单有效、能够激发学生兴趣的情境

兴趣是最好的老师，兴趣是知识的源泉，兴趣更是学习的动力。在教学中要营造良好的教学情境，首先要激发学生的学习兴趣，使学生带着好奇和求知欲投入到课堂教学中去。在这样的教学活动中，学生的思维异常活跃，练习的热情十分高涨，学习的效果也将得到极大的提高。创设“情境”要与教学内容有机地巧妙结合，使学生感到合情合理，不能牵强附会，矫揉造作。要与教材内容与教学目标紧密结合，通过角色的表演、情节的发展来完成教学内容，不要为“情境”教学而创设“情境”，否则会失去“情境”教学的意义。

二、关注学生的生活，创设贴近学生生活的情境

教师创设教学情境时要把教学与学生的生活紧密地联系起来，创设自然、真实、生动的教学内容情境。切忌死搬硬套，强行结合，要顺其自然，使学生能弄得懂，想得到，学得会。只有创设了真实自然的情境，学生才能较快地进入最佳的学习状态。

三、构建以学生为主体、教师为主导的情境

在传统教学模式的影响下,不少教师从自己的需要出发来考虑学习情境的创设和呈现,这种教师本位的做法是对学习情境的歪曲。创设学习情境的根本目的是充分发挥学生学习的主动性,帮助他们学得更透彻。以学生为主体,教师围绕着“学”而设计教学情境,就能充分调动、发挥学生自主学习的积极性和创造性。因此,学习情境应是在保证学生主体地位的前提下由师生共同建构的,不能由教师单方面提供给学生。另外,学习情境的创设也不能仅考虑单个学生的需要,不能聚焦于个体的学生,而应着眼于多个主体。

四、设计富有挑战性、有思考空间的情境

有价值的教学情境一定是内涵问题的情境,它能有效地引发学生的思

考。情境中的问题要具备目的性、适应性和新颖性。创设问题情境，发展学生的创造思维能力，要将问题巧妙地设计在教学情境中，这样可以使学生在参与中发现问题，从而解决问题。在解决问题的基础上，培养学生的创新意识。情境中的问题要求教师通过情境把问题问到“点子上”，特别是运动技能教学中动作技术的重点、难点、疑点，这样的问题才会使学生心理造成一种悬而未决但又必须解决的求知状态，实际上也就是使学生产生问题意识。

创造教学情境，进行有效教学的基本思路是拓宽优化教育的空间，通过角色效应强化主体意识，缩短学生间的心理距离，形成最佳的情绪状态，注重实际操作，追求教育的整体效益，落实全面发展的教育目标。要实现这一目标，还应该注意以下几方面的问题。

1. 情境的真实情

（1）情境内容的真实性。

许多学生在应用所学知识技能时感到困难，其根源在于学生学习知识技能时通常是脱离事物本来的真实情境。学习情境的性质决定了所学知识在其他情境中再应用的可能性。脱离情境并简化所学知识，往往只能达到刻板的、不完整的、肤浅的理解。如果要求能应用所学知识去解决真实世界中的问题，则必须要求学习和应用的情境具有真实性。学习情境越真实，学习主体建构的知识也就越可靠。

（2）诱发情感的真实性。

诱发真实的情感，营造一种积极的情感氛围，与学生的情感、心理发生共鸣，让积极的情感活动统领整个教学过程，使学生在学会知识的同时形成健康丰富的精神世界。这样，可以使学生的认知与情感、逻辑思维与形象思维、动脑与动手等方面协调并平衡地发展。

（3）学生体验的真实性。

这是情感真实性的目的所在。为此，要站在人的活动和环境和谐统一的高度来审视情境、创设情境。通过情境创设，为学生开辟一条生动活泼、主动发展的现实途径，将学生的主动参与、主动发展置于核心地位。通过创设符合学生发展需要的、优雅的、充满美感的环境氛围，使学生积极主动地参与到学习活动中来，促使学生在现实环境和主体活动的交互作用的和谐统一中获得良好发展。

2. 情境作用的全面性

教学情境是被一个明确界定的概念（即属于科学概念），它不同于人们日常所使用的、没有明确含义的“情境”概念（即日常概念），跟寓意“情感环境”的“情境”也有所不同。不要认为情境的设置只是为了激发学生的情感，营造一种情感氛围，这种观点只注重了情境作用的一个侧面。实际上，情境还应该提供认知所需要的信息，营造一种认知氛围。所谓情境设计不仅应该包括情感气氛、情感环境的设计，还应该包括认知情境的设计、行为环境的设计。它不仅是为情感教学服务，也应该为认知教学、行为教学服务。

3. 情境作用的全程性

有些人误以为设置情境就是在讲解新知识以前，利用与新知识有关的实验、故事、问题等来调动起学生的积极性，激起学生的学习兴趣，导出新课。实际上，教学情境的功能不是传统意义上的导入新课，情境不应只在讲解新知识前发生作用，它应该在整个学习过程中都能激发和推动学生的认知活动、情感活动和实践活动等。

4. 情境作用的发展性

情境作用的发展性是指设置的情境应该具有促进学生强烈产生继续学习愿望的功能，具有促进学生智力素质和非智力素质平衡发展的功能。一个良好的情境，不仅应该包含着促进学生智力发展的知识信息，这信息可以帮助学生构建起良好的认知结构，而且应该蕴涵着促进学生非智力素质发展的情感信息，能营造出促进学生发展的心理环境和群体环境。

需要注意的另一个问题是，设置的情境不仅要针对学生发展的现有水平，更重要的是要针对学生发展的“最近发展区”。情境应该既能满足当前教学的需要，又能体现与当前有关的问题，让学生自己去回味、思考，营造一种意味深远、回味无穷的教学心理环境，让学生在课后继续积极主动地、目标明确地学习。

5. 情境的可接受性

情境的设置要考虑学生能不能接受，要设计好合适的“路径”和“台阶”，便于学生将学过的知识和技能迁移到情境中来解决问题。由于知识和技能的迁移总是受到个人能力以及情境因素的影响，所以，教师提供的情境一定要精心地选择和设计，使之能适合于学生，能被学生理解和接受。学生在这样的情境中学习到的知识与技能，才有较大可能向生活与生产中化学问题的解决迁移，获得可迁移的知识和技能。学生获得了可迁移的知识和技能，才可能创造性地解决实际问题。如此日积月累，学生解决具体问题的经验和方法日趋丰富，在新情境中解决实际问题的能力就会逐步提高。

第四章

在新课程背景下重新认识备课

《礼记·中庸》有言："凡事预则立，不预则废。"任何一件事的成就，基于认真的准备和周密的计划。否则，尽管你忙忙碌碌，可能大多是盲目行动，难以成事。上课也是如此，必须要有预先的备课。

所谓备课，其实有狭义和广义的两种含义。"狭义备课"是指教师认真研究一定的教学内容和所面对的学生实际，确立科学的教学目标，并考虑采取哪些相应的方法，运用相应的资源，引导学生达成目标（知识、技能、方法、情感、态度等），目的是上好具体的一个单元或者一堂课。这种"备课"也叫"课前准备"。而"广义备课"是指教师不断地学习，不断更新专业知识、增加文化积累，不断总结与反思教学经验，通过增加专业储备，体现"终生备课"理念，目的是上好所有的课。"广义备课"是一个教师终生发展的岗位职责和行为追求，是职业发展的一种研修任务。本书所论述的备课，主要是指"狭义备课"，同时也涉及"广义备课"的一些问题。

备课活动是教师最基本的教研工作，也是教研组尤其是备课组最基本的教研活动。它要求教师根据新课程理念，在落实学生主体学习地位上下功夫，在促进每一个学生自主学习上下功夫，在培养学生合作与探究学习上下功夫，在充分调动每位学生的学习积极性上下功夫，在防止学生的学习活动流于形式、切实提高课堂效益上下功夫。因此，大家都要认识到：教师备课活动已经升华为教师教学研究的一个重要内容，研究并改进备课已成为当前优化课堂教学的一个基础任务。

备课的重要意义

备课的实质是教师对自己学科思想的阐释，对学科知识体系的梳理，更是对教学活动的组织过程及其所涉及的内容、时间和空间结构的规范和优化过程。这是一个循环往复、逐步发展提高的过程。对一个教师而言，备课是上课的基础；对一门学科而言，备课是保障教学质量的基础。所以，抓好备课具有十分重要的意义。

1. 确立教学计划，便于统揽全局

教学计划具有阶段性和周期性，它对应的基本单位是学期。所以，备课首先是确立学期的学科教学计划，这就是所谓"学期备课"。而正是这种"学期备课"即教学计划的研究，使一门学科在一个教育阶段的基本任务和主要目标清晰化，对教学节奏和教学进度进行总体性的统筹，对教学任务在一个学期的开始、中期和后期之间进行合理的分配，对必须安排的大的教学活动，如复习、考试测验、讲评等制订一个科学的“行事历”。这对各个单元的教学是一个全局的统揽，是开展单元或每一课时备课的基础。可见，备好课首先有利于整个学期学科教学活动的合理布局和效益提升。

2. 熟悉教学对象，明确教学目标

备课的主要任务是根据课程标准，将特定教学内容有效传递给特定的学生。所以，教学内容和学生既是备课活动中的研究对象，也是课堂教学的两个基本对象。通过备课，可以对这两个教学对象开展比较深入的研究，并达到比较熟悉的程度，从而为科学制订教学目标奠定基础。对教学内容的研究，包括钻研课程标准、教材和教学参考书，以了解本门课程的教学目的、任务和要求，尤其是了解教材的结构体系及其与前后课程内容的关系，明确教材的重点、难点，并借助有关参考资料理清疑难之处和有关问题的来龙去脉。在此基础上根据课时安排、学生情况和设备情况等，制订相应的教学目标。可见，备课还有利于正确地认识教学的基本方向，体现教学效益。

3. 设计教学过程，保障有效教学

备课的具体工作主要就是体现在对教学过程的设计上。教学过程涉及诸多的教学要素，主要是教材、学生和教师自己，还有教学的环境，备课设施、设备和情景等方面。要将这些教学要素有机地组合为一个整体，而且是动态的有机整体，就有了教学效益的基础。教学过程的设计需要考虑的具体任务，主要是将上述诸教学要素进行纵、横两个方向的合理联接。纵向是从教学导入、新课内容和要求的逐步展开、知识与技能的练习巩固、到教学小结等连为衔接顺畅的一个流程。横向是围绕一定的内容主题，将学生的学习活动、教师的教学活动、教学媒体和教学情境等有机地牵为同步的、立体的互动性发展体。这样，就基本保障了课堂教学的有效性。

4. 克服紧张心理，增强教学信心

一个教师进入课堂的心情，直接决定了他（她）的发挥水平，更是影响一堂课教学质量的重要因素。事实表明，教师心情或心境源于其对将要完成的工作任务的把握度。备好了课，并且对教学内容与要求、教学资源结构、运用的方法、启发学生学习的基本思路等方面，都能够基本做到“胸有成竹”、“心中有底”，教师的心理就会比较放松，教学中就容易发挥出应有的能力水平。所以，备课是为教师的心理增强底气和信心。

指导备课的主要理论

怎样备课？首先是需要有一定理论的引领。一堂好课，一堂成功的课，有意无意间一定是符合了科学原理的课。有了相应理论的指导，就能够克服上课结果的偶然性。而其逻辑的起点，是基于符合教育原理的备课活动。同时，不可否认，我们的备课活动中还存在一定的认识误区和行为误区，这里有职业道德的问题，也有理论指导的缺乏问题。所以，备课很需要借助职业伦理和科学理论的正确引导。

1. 当前有关备课的几个误区及纠偏思路

根据有关的调研反映，关于备课的误区主要有以下几点：

（1）对现成教案的“拷贝”。

当前，还有不少教师把备课想象得比较简单，认为相同的教学内容，只要有现成的教案就可以借用。所以备课时，“拷贝”现成的教案。这样的行为，其实是不重视备课，不重视教法的研究。不重视教学效益，教学有效度自然就难以保证。

（2）应付检查，搞“形式主义”。

不少教师为应付领导的备课检查，想在教案中迎合检查的要求，体现一下课改的精神和新课程的理念，表面化地搞些新名词，如将“教案”改成“学案”，把以往的教学过程分解为教师活动和学生活动，但并没有教后反思、二次备课等备课要求，名为改革备课，其实只是一种形式。

（3）借“集体备课”，制作“同构教案”。

不少教师热衷表面化的集体备课，将这种备课看成分工写教案、互相“借鉴、共享”。有一则信息，某校的教学展示活动中，有五位教师上同一内容的课，观察到的都是同一模式的教学过程：教学导入、知识点的过渡、问题讨论、演示、小结与作业布置，都是一样的。并说明这是集体备课的“成果”。他们将集体备课后的“成果”原封不动地搬进自己的课堂，照本宣科，而没有结合或针对学生的实际。这般“集体备课”，其实是“投机取巧”。

（4）教案成了搜索网上资源后的“拼盘资料”。

信息时代，给教师提供了丰富的网络资源，有些教师就利用网络的优势，实现了“轻松备课”。往往是从网上下载与自己备课内容相关的教案，不加取舍地变成自己的教案，全然不顾内容是否切合自己教学实际的需要。

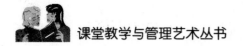

这些误区是需要纠正的。首先是职业道德。根据备课要求，在分析教学内容、学生基础的前提下，认真备课编写教案，履行一个教师的职责任务，是一个教师的基本岗位道德，我们不能借课改之名，丧失这种起码的职业道德。其次是业务素养。一个教师是需要学习优秀教师的经验，有一个“模仿”发展的阶段。但从根本上说，这仅仅是入门，真正要成为一个合格的教师，必须自我分析，注意扬长避短，有个性地发展，争取有一定的特长，在业务上尽快成为教学骨干。而备课是这个要求的反映，骨干教师都是从认真备课起步的。如何备课？这就需要学习，借一些相应的理论来指导。

2. 关于备课的指导理论

主要有四个方面的理论，对备课是有直接的指导意义的。

（1）课程理论，包括儿童中心论、学科中心论、社会中心论等。

课程论是以课程为研究对象的一门学科，影响当前课程建构的理论主要有如下三个。

儿童中心论是主张让学生在社会生活的实践中，亲身观察知识的表现和体验其形成过程，主张在“行一知”的流程中学习的。杜威和陶行知等教育家，是这个理论的创导者和实践者。其长处是照顾到不同学生的不同基础与需要，支持个性发展，使其体验知识概念的形成过程。缺点是知识缺乏系统，在有限时间内掌握的知识也有限。

学科中心论是主张让学生学习并承继前人的文化为主，将这些文化遗产分门别类地进行学科化的构建，知识结构完整、知识系统规范。我们一般学习的就是在这个理论指导下编制的课程，其长处和缺点正好和儿童中心论形成对照。

社会中心论是主张让学生学习社会直接可用的知识，或能为社会直接服务。所以，它既反对知识学科化，也反对知识个性化。“学以致用”就是其长处。

用这些理论的长处，来改进备课，还是具有一定价值的。

（2）从教学论到学科教育学，包括教学流程、教学要素、学科教育功能等。

首先需要考察备课的对象因素。下图反映的是学校教研工作的基本对象，其中备课是工作形态之首，也是教学论最基本的研究对象，反过来，教学流程和教学要素是备课中必须关注的对象。所以，备课必须借教学论来规范与提升其质量、水平。

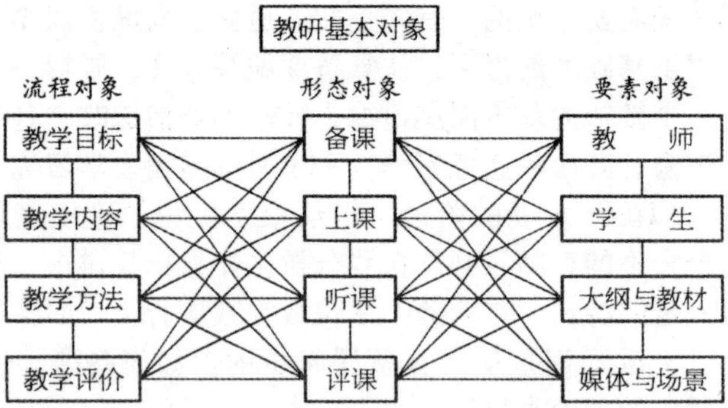

教研基本对象的集合（系统）示意图

学科教育学是“以学校的学科教学实践为中心，专门研究与之相关的教育现象的一门科学”，或者是“研究学校各门学科的本质、目标、内容、方法的一门科学”。在研究和认清学科本质、目标和方法等方面，备课工作的改进需要结合与利用学科教育学的有关成果。

（3）学习理论，包括行为主义、认知主义、建构主义等。

这是教育心理研究理论的成果在学习领域的反映。在上个世纪，这些理论影响了整个基础教育的教学研究。

行为主义的核心概念被简化为“刺激——反应（S－R）”联结，桑代克是这个理论的开创者，后经过华生、斯金纳等发展。其意义在于重视对学生学习行为和习惯的规范培养，是实现有效学习的一个基础。

认知主义理论的核心是促进学生的学习发展，皮亚杰是这个理论的开创者，后经过加涅、布鲁纳、奥苏伯尔等学者的完善与发展。其意义在于注意激发学生的学习动机，开展主动发现的、有意义的学习。这些对教学设计和备课都有着较好的启示。

建构主义理论主要是在认知主义的理论基础上发展而成。建构主义学习理论认为，“情境”、“协作”、“会话”和“意义建构”是学习环境中的四大要素。通过探索到发现，是其知识获得的基本途径。可以说，建构主义是当前影响教学模式改革的最重要的理论，当然也是影响并在一定意义上指导当前备课的主要理论。

（4）方法论与策略论。

方法和策略是从哲学层面对备课工作的理论指导。方法论的学习借鉴可以使教师的备课具有效益性，尤其是关于“比较法”、“顺序法”、

"联系法"、"组合法"等一系列通性的方法论，是对备好课的很有效的指导。策略论则是在方法论的基础上，为实施备课的具体设想作弹性的指导。在此后的具体章节中，对方法与策略问题将会作比较深入的探讨，故这里仅就其总体的意义作一些提要式的概述。

备课与教学设计

教学设计是备课的主要工作和成果物化经历。根据北京师范大学教育技术学博士杨开城与李文光的描述；"教学设计是运用系统方法分析教学问题和确定教学目标，建立解决教学问题的策略方案、试行解决方案、评价试行结果和对方案进行修改的过程。"

1. 教学设计的基本内容

对教学设计比较有研究的加涅与布里格斯认为，教学设计应具备几个前提条件或者基本假设：

第一，必须为个体而设计。这个观念与孔子的"因材施教"观念一致。可以说，在他们眼里，必须重视学生的个体差异才能实现教育的效果和目的。这就为在老师控制之下的学生的被动学习转化为学生富有个性化的自主学习提供了理论上的保障。

第二，设计应当包括短期和长期的阶段。这是强调教学设计不是一次具体的教学过程的思考和实施，而是作为一个系统存在着。教育是一项具有超越性特点的事业，因此，教育虽然一定是特定的社会形态下的教育思想、行为等相关因素的综合，但教育却不能仅仅是社会形态的附属品。教育的目的和效果还要遵循教育自身的规律，教育在维持社会良性运转的同时还要善于批判社会现有的秩序，要使社会在肯定和否定的双向运动中获得发展的可能。这样，教学设计实质上就是理想的教育目的能否得以实现的一个重要的步骤，因此要保证教学设计的眼前设计和未来设计的结合。

第三，设计应当实质性地影响个体发展。教学设计不是把学生当作一个没有差别的被动接受知识的群体或者整体，相反，教学设计要为个体的发展创造良好的、公平的环境，从而使每一个学生获得完成自我发展的基础。

第四，设计必须以系统的方式进行，并且要建立在关于人们如何学习的知识的基础上。加涅认为人的学习是包括不同层级的，不同类型学习的内部和外部条件是不同的。加涅的教学设计理论正是基于其"学习层级说”的，教学设计的目的就是为不同学习结果或能力的产生提供最佳学习条件。加涅和布里格斯的教学设计原理影响深远。

一个比较完整的教学设计以及设计过程，大致包括以下几项：

教学目标的制订：主要是根据课程标准的精神，针对教学内容和学生实际，注意从素质全面培养的角度入手，制订相应的教学目标。

教学资源的利用：最基本的资源是教材，包括教科书和练习册等。另外是教学用具、教学课件、补充资料等的选择利用，有些则需要根据自己的理解与能力开发。

教学环境的设想：主要是指设施配套与教学氛围的创设，要注意根据学校的条件，设法充分利用。

教学方式的设计：或者是教学模式的运用，需要根据教学内容的特点、学生的基础特点、教师本身的特长，以及资源环境的允许，来设计相应的教学方式。

教学过程的设计：一般要根据教学内容的知识结构、难易程度及其序列，加之学生认知规律，来设计教学流程。其中比较重要的是要关注师生之间的互动。

教学活动的设计：这里主要是指具体的教学活动项目与学习任务的设计。一个比较有效的新思路是，以问题带出一点点活动，就使活动增加了一些探究，这是新课程所提倡的。

教学评价的设计:评价的诊断功能和启发功能都需要发挥,所以教学评价设计可以包括作为评价依据的作业系统设计,以及对学生反馈的设想等。

2. 备课与教学设计的关系

从备课角度看教学设计，主要有两个关键点：一是具体的教学对象与要求；二是对具体教学的系统设计。但这两点都必须建立在备课中的分析基础上。也就是说，教学设计一般是备课的一个组成部分。备课过程中，对教学内容、学生基础、资源环境的分析是基础工作，在此基础上，教学设计就有了依据。教学设计主要就是围绕上述的几个分析进行，以教案的形式来体现教学设计的结果。而备课可能还需要根据以往教学设计实施的情况进行反思性总结，以进一步优化教学设计。对于教学设计实施以后的备课，即所谓“后备课”，可以从方法的层面来进行一些归纳性研究。如：教学目标的反思及其问题研究。考察教学设计中的目标设计与达成之间是否存在问题，对问题进行分析，研究改进的基本策略。

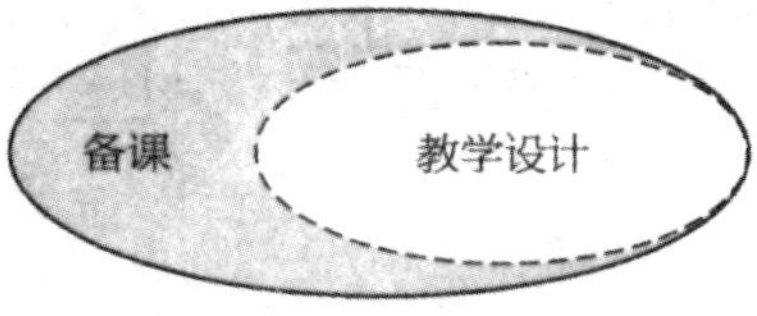

备课与教学设计关系

学习问题的诊断及其原因研究。教学设计中的学习问题，在实际实施中是否有效，对所存在的问题及其原因进行分析，确定改进的基本要求。

学习行为的分析及其问题研究。如果教学设计时对学生的基础分析不到位，或者学生的情况发生了变化，学生学习行为出乎意料，就有必要进行相应的研究。

学习环境的分析及其问题研究。包括设施设备和创设的其他教学情景，是否达到了预期的效果，如果存在问题，也同样需要分析研究。

改进备课的几个基本视角

这是从新课程的理念背景中所提出的备课新视角。主要有以下几点：

1. 让教学重心由教向学转移

关于“教学”，可以有两个涵义：一个是“教”（teaching），一般是《教学论》中的传统概念；另一个是“教与学”（teaching & learning）。我们这里采用后一个涵义来进行讨论，所以引出了这个话题：重心由“教”向“学”的转移问题。

有一种意见是：对教师而言，应该强调“以学生发展为本”，关注于“学”；对领导而言（包括学校领导和教研人员），应该强调“以教师发展为本”，关注于“教”。正面理解这个认识意见，就是通过发展教师的业务能力来达到发展学生素质的目的，是不同角色的关注点不同而已，目标是相同的。但这个认识意见容易给人造成的误解还是不少的。一个是教与学在概念上的“二元论”，而其实在课堂教学中，教就是为了学，学受教所指导，两者是联系着的两个方面；另一个是教与学在行为上的“分离论”，事实上，教学两个方面不是两条轨道，而是一个互相牵制的整体：教的行为及其变化是随着学的反应而决定的，所以，教与学是个统一的系统。

这里说的“重心转移”至少应该包括下面三个方面：

一是重心由教师转向学生。课堂教学的两个行为主体（从不同的视角考察）就是教师与学生。我们习惯于下这样的判断：课堂教学的质量取决于教师，教师是关键，是关注的重点。于是，教师的行为与能力一直是我们研究的重点、观察的重点，所有的教学展示或评比，也同样只关注于教师这一主体，研究的主要是教师的专业素养及其提高。我们不能说这是不对的，也不是说现在不需要关注教师，但在对新课程“以学生发展为本”理念做分析的基础上，应该明确的是，在教学系统当中，教师仅是服务者、指导者，学生才应该是真正的受益者和教学质量或结果的体现者。所以衡量一个好教师或者称职教师的标准，是能否使学生按培养目标要求得到发展。教师应该以学生为标杆来进行备课，才能符合新课程的要求。

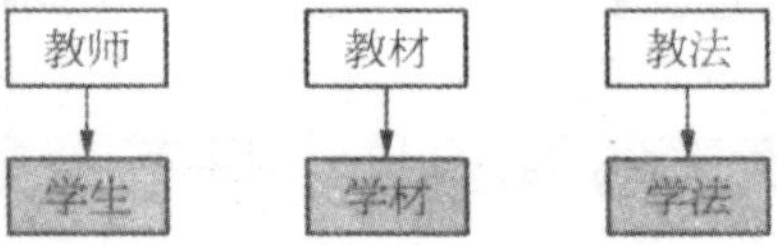

教学重心下移的三个涵义

二是重心由教材转向学材。在当前的课堂教学基本要素中，教学内容尤其是教材的地位很重要，因为我们的教师依靠教材实施教学是十分普遍的现实。怎样处理教材比较符合现代教学的要求呢？一个关键的着眼点或者基本思路，是设法将教材化为“学材”，化为学生可以学懂知识、学会学习的“学程”书本（非“教程”书本）。要达到这方面的要求，就需要对教材作“二度开发”，但这并不是简单地对教材做“加法”，增加学生的学习内容，而主要是将教材原有知识转变成学生能够实践体验的学习任务，更多地体现为学生自主学习、合作学习的指导书特征，这也是备课的新视角。

三是重心由教法转向学法。这是指对教学之方法的研究重心需要转移，教法应该服务于学法，教法研究应该服务于学法研究。近期所谓的教学方法及其研究，事实上已经不局限于仅对“教”（teaching）的方法及其研究，而往往涉及教与学的双向关系研究，尤其是世纪之交取得的“学习论”研究成果，更推动了大家对这个问题进行研究的积极性。从“学习心理”规律出发，对学习过程与方法的认识，已经在行为主义、认知主义基础上产生了建构主义、多元智能等理论。学习方式也由此更加丰富多彩，在原有“接受学习”、“发现学习”等学习方式基础上，产生诸如“研究性学习”、“体验性学习”、“反思性学习”、“合作性学习”等学习方式。这些研究的结果，为课堂教学方法改革带来了新鲜的活力，需要在备课中加以体现。

2. 注意“教”与“学”的互动

生动的课堂教学的另一个标志，就是大力提倡的互动教学，或者称为教学互动。由于其具有调动学生学习积极性的良好效果，能较好体现新课程精神，最终的教学效果也比较令人满意。为此，以“互动”作为课堂教学的设计思想正在成为一个新的关注重点。

对照课堂观察的归纳，一堂体现“互动”特征的教学课，一般可有多种层次的表现，按其互动的程度，大致有“讲解（陈述）”、“启发（自问自答）”、“启发（师问生答）”、“自主（生问师答）”、“谈话（师生对话）”、“课堂讨论（多向）”、“探究性活动”等。讲解方法在体现互动性上最差，而探究活动的互动性最强。目前影响课堂教学方法改革的关节点或困惑点，是在从“师问生答”式的启发课，到“生问师答”的启发课之间，似乎有一个难以突破的瓶颈，关键是学生的问题意识与提问能力有待培养和提高。

下面一组示意图，形象地反映了课堂教学互动不同形式的差异。

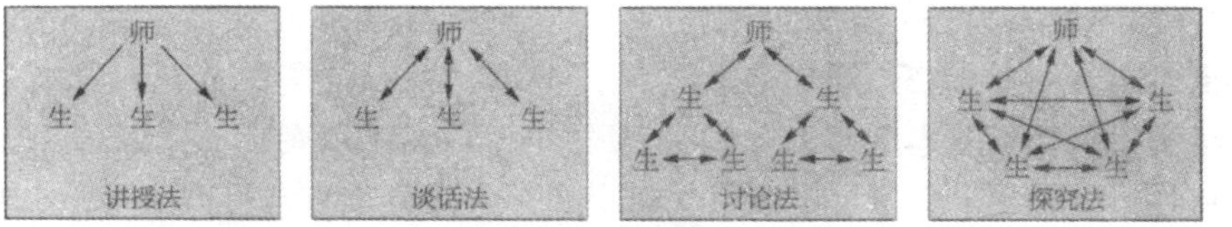

课堂互动的示意

应该说，一些传统的教学方法，只要经过再设计与改造，是能够体现由“教”为主向“教”与“学”互动转化的要求的。我们暂且列举由“阅读”、“问答”、“演示”、“实验”等较传统的教法出发，分别作一定的改进处理，来体现教学互动的案例，试作分析。如：

师生轮读——感悟能力。善于朗读，善于在朗读中用投入的情感来启发学生对课文理解的教师，采取与学生合作的“轮读”比之前自己“领读”更能够感染学生，更能够提高学生对课文内容的感悟。有一个教学案例（选自“上海远程教育网”的课例资源库）是五年级的《开国大典》一课，该教师进行朗读教学时，就是用“老师读，同学不读；老师停下来，同学们接上去读”的方式，互动性阅读使学生深受教师情感的影响，对课文内容的理解更到位，教学效果更好。

多向对话——听说能力。这是对一般讲解或问答法的改进。改进的基本策略就是将话语权还给学生，实现师生之间、生生之间多向对话，形式上的“互动”和教学民主，是更有意义的对学生学习能力的培养。对话形式注重培养学生的听与说的能力。所谓听的能力，其实是能够将对方的话经过自己理解后，用更简要的话概括出来。说的能力，表现在对自己的观点或依据能简明地表达出来。对话中学生听与说的练习，是综合素质培养的一个重要途径，需要落实在备课中。

共同演示——观察实践能力。这是教师教学演示方法的改进。演示教学变教师一人操作为教师与学生共同操作，这是一种进步。教师一人独立的演示中（包括实验演示和内容动态化的演示），学生只是被动地观察，至于观察的效果，如是否观察了，是否观察的清楚，观察到多少，等等，教师基本无从知道，教学目标的达成也不明确。而学生参与了演示就能够改善这些现象，同样作为一项任务的责任人，对其中的问题能够通过亲身所为而了解，实践能力也会因此得到培养。

小组实验——合作探究能力。这是对独立型实验（曾经提倡的“一人一桌”实验）方法的改进。小组实验形式是体现从师生互动到生生互动的一个途径。当今科技发展，个人“包打天下”式的研究（包括实验）已经基本不存在了。团队合作的研究是新的形式，需要在我们的实验教学中倡导。不同学生在小组合作实验中有角色的分工，也可以有角色的轮换，使学生既有一个角色的实践体验，更有多个角色的实践体验，这样做就能够反映科学发现需要多次反复的探究，领悟科学方法，提高科学精神，也会较好地实现合作的功能，以及较好地培养个人对于集体的责任。这些都需要在备课中加以贯彻。

3. “预设”要为“生成”留有余地

备课要注意为上课的不确定性留有一定余地，这是具有“教学策略”以及“教学机智”的教学思想。从“教学策略”上看，主要是在备课时先预设几种可能情况，当出现一种情况时有一定的相应策略应对；从“教学机智”上看，主要是在备课时就要注意根据学情，设计具有一定弹性化的教学方案，来响应课堂教学中师生与生生之间有效互动的生成过程。

为“生成”留余地的弹性化备课，要着眼于教学的多个要素，包括教学目标、内容、方法、练习以及评价等。例如设定教学目标，就不仅是局限于知识与技能，还应该涉及过程与方法、情感态度和价值观等维度；目标应该有弹性，要尊重学生之间的差异，体现“上可不封顶、下要保底线，要求有层次、对象不固定”的原则，使不同学生都有相应努力的目标，而且可以动态调整。还比如教学实施过程设计，要注意为学生的主动参与留下时间和空间；练习作业的设计，也要为教学中的动态生成创造条件。

有效备课的原则与基础

当前备课存在的主要问题之一，是在研究课堂教学基本要素的科学性方面，所以要改进备课，也需要在这些问题上下功夫。

1. 加强对教材的科学分析

对教材的有效研究应该关注什么？我认为必须要从教材的编制思想研究开始。教材隐含着相应的教育功能，使用者就需要将这些思想要素予以挖掘，融会贯通，方能将其教育效益发挥出来。一般而言，教材所具有的教育功能有三个方面。一是教育价值。它是多方面的，体现在德、智、体、美诸多方面。在此我们更关注的是教材对学生成为社会一员的以品行道德为核心的人格素质培养方面的功能，或者通俗地称育人功能。二是知识序列。教材具有对知识“结构化”和学习“指导性”的功能。所以，一本通过审查可以进入课堂教学的教材不会只是许多“信息源”或“知识元”的简单堆积体，内部的结构形态也不会杂乱无章，而是能够体现学科知识的呈现规律和学生认知发展规律的范本。我们需要对教材这种特点予以充分认识，发挥好其原本就具有的功能。三是核心知识。是指在一个单元中必须掌握的核心概念、重点基础知识和基本原理等。在进行教学设计时，核心知识就是一般被认为属于教材中的“重点”和“难点”，即教学中必须要落实的基础知识与重要概念。

2. 做好对学情的客观分析

对学生整体基础和学生的差异性分析，是学情分析的重点。学生的基础主要是指学力的基础，包括知识技能、学习习惯与方法、学习态度与学习动力等方面。从学生的整体基础类型上看，就可以着眼于上述三个方面的理想程度，分出不同组合的不同类型。如：知识技能掌握较好、习惯方法一般、学习动力却不足的这一类学生，需要在备课时着重在如何培养良好方法与态度方面加大研究，采取措施。同时学生群体内部的差异性，需要认真分析研究。有人将学生群体的平均水平和差异程度，各分三个等级，组合成九种类型，这不仅是分析学生学习质量的办法，也可作为备课活动中对学情进行分析的基本思路。

3. 认识自我的长处与不足

教师的教学基本功和专业特长，往往是影响教学效果与教师能力发挥的主要因素。备课中教师需要进行自我分析，注意扬长避短（专业发展需要取长补短），培养自己的教学风格。教学基本功主要有两个大的方面：一是基础知识，一是基本技能。前者包括学科专业知识和教学理论知识等；后者包括常规教学技能（如板书、语言）和现代信息技术等。在备课时，教师需要注意发挥自己的长处来设计教学过程，组织教学资源。所以，从这个角度来说，一个负责的教师，是不能照抄别人的教学设计或简单地从网络上下载一个教案来替代备课的，而需要在自我分析的基础上自己编写教学设计，才具有“有效教学”的基础。

4. 对教学资源的有效准备

包括一般的教学辅助设备与资料和基于信息技术的教学资源。教学辅助设备与资料是相联系的，对于教师的备课而言，一是需要根据设备条件来准备能够展示或演示的资料；二是所准备的资料必须切合教学内容与学生实际，关键是要体现有需要、简洁、明了、看得懂、有启发性。要利用信息技术展示或演示的教学资源，一般以课件的形式呈现，同样需要符合“必要性”、“适切性”和“科学性”的基本要求。有这样的要求，才能体现其有效性。

针对教学环节的基本备课要求

设计好教案，是备课的基本任务，也是备课的物化成果，以及教学的基本依据。根据当前实际情况，重点需要把握如下几点：

1. 教学目标的制订

制订教学目标要把握三点：第一，根据课程标准对学生学习的要求，注意从“知识与技能、过程与方法、情感态度与价值观”三个维度来整体把握，要突出伴随学习过程与学习内容相应的能力培养、思维方法和情感教育等方面的要求。这是教学目标的整体性。第二，要针对不同的教学内容及其具体要求，注意结合具体的单元结构和学习内容制订目标；教学目标制订还要针对学生的实际，从学生的知识基础和认知规律着眼，能让学生在努力的前提下基本达成；还要联系不同的课型的特点，如在内容上有新授课和复习课的不同，在形式上有知识分析课和实验探究课的不同，在学习要求上有听说练习为主和写作练习为主的不同；使教学目标体现对学生的引导性，与学习内容和方式要求的匹配性。这是教学目标的有效性。第三，要根据学习内容的特点和学生的差异制订不同层次的目标要求。注意对不同层次教学目标要求的正确表述，使用“知道”、“理解”、“掌握”等具有可评价性的行为词，照顾不同学生的基础，明确不同程度和方向的学习要求，以便教学过程中的有效落实，并引导学生的素质在不同基础上都有一定发展。这是教学目标的层次性。

【案例】关于“城市化过程”的教学目标

1. 掌握世界城市化过程的基本特点，了解这些特点的具体表现和主要原因；能正确阅读“长江三角洲城市分布图”，初步分析该地域特征与其经济地位的关系。

2. 学会分析城市数目变化统计图和长江三角洲经济数据地位表上反映的知识；能联系本地城市化情况解释当地土地利用结构的变化。

3. 能自觉参与社会实践，对城市化现象开展调查了解的活动；乐于和同伴一起交流对城市问题等方面的感受或见解；能够对城市环境、交通等问题提出一些如何解决的个人建议。

——请考察这个教学目标，是否符合上述要求？

2. 教学内容的处理

教学内容的处理主要有两条：一要用好教材。要根据课程标准认真钻研教材，把握住各学科教材的主要线索，处理教学内容就要从学科特点出发，注意符合认知规律，体现“抓住主线、突出重点、分散难点、安排有序”的指导思路，帮助全体学生在有限时间内掌握最基本的知识与方法；还应该联系学生与学校实际对教材作合适的选择与调整，包括学生的不同知识的基础和生活经验，使教材的主题呈现与结构次序能适应不同学校的实际和不同层次学生的学习需要。二要丰富教材。要联系学生基础补充鲜活的教学内容，如针对学生的生活经验，选取一些学生能了解的社会知识充实课堂教学内容，培养学生理论知识与社会实际相联系的思想方法，正确处理知识的“预设性”和“生成性”的关系，使课堂教学的内容能够体现鲜活和生动的特点。

【案例】 音乐学科“心灵的呼唤”的内容安排

——请分析：补充的内容对教学要求的作用。

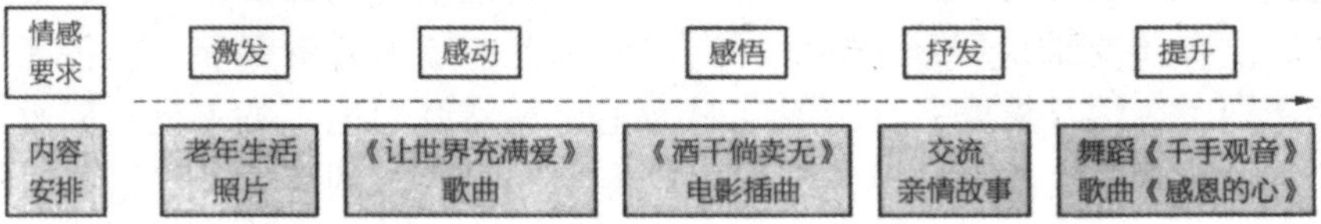

3. 教学过程的优化

教学过程的设计要以提高学生的学习能力为核心目标，调动学生学习的主动性和积极性，动员学生参与到课堂活动中。教学媒体选择和教学环境创设要有利于激发学生的学习欲望和对学习问题的解决。教学小结要帮助学生对知识的结构化理解，掌握知识应用的基本方法与技能。同时，还需要突出三个重点：一，要以“学生发展为本”为理念，注意精心设计学习问题，培养学生的质疑能力、解决问题能力，以及创新精神和实践能力；问题的设计要站在学生的角度提出，符合学生“最近发展区”，优化问题质量，尽量层层埋疑，步步解惑，在“问”和“答”中促使学生积极思考。二，注意加强师生之间、生生之间的交流和互动，体现教学民主，营造和谐课堂；要照顾到不同学生的学习基础，注意激发学习兴趣，引发认知冲突，可组织讨论等学习活动，体现教师主导性和学生主体性的有效发挥。三，教师要根据教学内容与要求，正确地运用相应的教具帮助教学，努力使抽象概念直观形象；要注意教学实施与信息技术的有机整合，充分利用多媒体和信息技术，增强教学的艺术感染力，努力改革和创新教学模式，提高课堂教学效率。

【案例】 关于“蒙太奇与写作”的过程设计

（1）体验环节——观看《阿甘正传》和《向日葵》的片头；

（2）解读环节——解释“什么叫蒙太奇”；

（3）再体验环节——观看《手提琴》片段和《向日葵》的结尾；

（4）归纳环节——“蒙太奇”的类型和功能；

（5）巩固环节——用所给材料，按蒙太奇要求做练习。

——请比较：这个体现“建构主义”的设计相对于传统设计有何突破？

4. 巩固练习的设计

作业练习的有效性是当前课堂教学的一个薄弱环节，要作为备课中的一个难点来探索。要创新作业练习的设计思路，逐步改变以知识概念记忆、再现、模仿或重复等传统性的作业面貌。作业练习要鼓励学生进行探究，包括能针对所提供的情景提出有探究意义的问题或者猜想，针对情景的项目任务设计，对一定信息作出合理解释等；要设计开放性作业、实践体验性作业和合作学习式作业等。作业形式要多样化，包括纸笔作业、口语交际作业、综合实践作业、实验操作作业、小组合作作业、个性化作业、表现性作业等；作业的设计要做到有计划、有针对性，要使学生练得精、练得巧、练到点子上，要通过“变式”练习，沟通知识间的内在联系，发展学生的思维能力，达到以点带面，举一反三，触类旁通的目的。作业应该考虑学生基础与发展的客观差异，设计作业应该体现层次性，为不同学生提供不同水平的作业，支持学生在不同的层面上巩固知识。

【案例】 闭卷作业和开卷作业的差异

闭卷作业

下列成语中没有错别字的一项是（　　）

A 胸有成竹　莫不关心

B 喜出忘外　络绎不绝

C 变幻莫测　郑重其事

D 成群结队　言简意该

——考查认清字形、分辨同音字的误用。

开卷作业

室内有两块同样的冰，一块用毛巾包起来，另一块直接暴露在空气中。你认为哪一块溶化得会更快？理由是什么？

——用科学知识和经验对自己的预测做出合理的解释。

——请解释：这两种作业在考察学生素养功能上的差异。

5. 反馈辅导的设想

应该加强关于复习课的备课研究，注意对学生学习情况的反馈和辅导的有效设计。首先要设计好作业讲评课，注重对作业的科学讲评，回应学生的期待，既有客观的评价，还要对作业存在的问题或不足作深入的分析与指导，注意分层要求，分类指导，做到讲解清晰、切合逻辑，分析学生也反思教师自己。对学生课堂学习行为要实施科学评价，注意充分肯定学生多方面不同程度的提高和进步，激励和引导学生改进学习、增强信心、提高效益。

【案例】 经验之谈：关于个别辅导的基本策略

要分析每位学生的特点，对症辅导，才会起到真正帮助学生提高的作用。因为实际教学中，鉴于班级授课制的缺点，我们不可能做到真正的因材施教，但在个别辅导中，完全可以实施。

要在教学中随时留意学生可以产生的学习问题，予以辅导，尽量做到“课课清”。如课间采用简短的、诊断性的形成性练习，发现每个学生通过教学已学会了什么，还有什么没掌握，然后为有问题的学生设计并实施补救方案。

要注意营造互查、互帮、互学的良好集体学习氛围，鼓励学生互助辅导。一般中高年级的学生，具备了参与个别辅导的能力和欲望，教师完全可以利用学生群体资源——请班级中学习较好的学生加盟，个别辅导就会更有效果。

——请评价：这些策略是否应对了学生的实际？

创新备课活动的形式

备课活动是教师最基本的教研工作，也是教研组及备课组的主要教研活动。备课活动的实施模式，因学校、学科、教师群体等特点而不同。从通识要求上说，主要指向对教学背景资源的研究和教学设计两个方面；从表现形式上说，主要指向备课的主体、时间和手段等方面。就常规方式而言，因着眼点不同，可有如下不同的具体活动方式。

从备课的组织方式看，有个体备课和集体备课之分；从备课的时间安排看，有课前备课和课后备课（二次备课）之分；从备课的手段运用看，有书面备课和电子备课之分等；最近，不少教师在实践中还创造了一些新的备课形式，如：

论坛式备课。论坛式备课的主要特点是，由主讲人主持集体备课，先行提出其备课的初步成果设想，并提出本人的一些困惑和需要讨论的问题。参与的教师各抒己见，适时发表自己的认识与观点，同时可以出示自己的备课资料。对同伴的观点和认识，可有点评的意见，也可有反对的意见，最后实现思想碰撞和资源共享。

网络备课。网络备课充分利用局域网的“主控”和“对等”的功能，利用 LanStar 等软件实现备课主讲人和“举手”发言人对网络的控制，使其备课内容被全部教师共享；利用网络邻居的共享功能实现教师间资源的平等共享，并设立备课成果共享文件夹，将此次备课的成果输入，逐渐积累形成体系；利用网络的搜索引擎及时查证一些相关问题，并得出解释，一并输入备课成果文件夹。

多媒体备课。就是教师利用以计算机为核心的多媒体设备，以传统的备课形式为基点，充分考虑教学内容的特点，将课堂教学中所涉及的教学内容（包括文字、声音、图片、动画等）根据一定的教学过程设计、学生的特点和实际情况，合理有序地整合在多媒体计算机中，以便利用以计算机为主要设备进行多媒体辅助教学的一种备课方法。

第五章

改进备课的策略

备课要求的传统标准，凡至今仍符合时代的当然需要继承。但是，当新课程来到我们面前，需要落实新课程的理念和要求，传统经验就往往不够，就需要改进备课。

首先需要讨论这样几个问题：何为策略？策略与方法、技巧等概念有何不同？何为改进备课的策略？一般认为，所谓“方法”，是指解决问题的门路、程序等；所谓“技巧”，是指在一些操作领域（艺术、体育、工艺等）表现出的巧妙的技能；而所谓“策略”，是指带有针对实际情况（包括变化）制订的行动方针和方式。从中可以了解到，策略是比较上位的概念，在思想或思维层面上的；方法是比较具体的操作程式，是在理论或策略指导下的工作样式；技巧是指在解决一些具体问题中可以采取的技术。这些概念用于备课，即备课的策略、方法、技巧。所谓改进备课的策略，是根据形势需要，针对传统备课有所发展的新的备课思想和行为要求。

可以认为，尽管这些概念之间有差异，但是，如果都针对于一个问题或任务，如备课，其实还是有着一定的联系的。备课的策略带一定的统领性，主要是对备课方法的思想指导；备课的方法是对备课的具体程式的指导；备课技巧是在备课具体方法中体现的，这些关系如图所示。

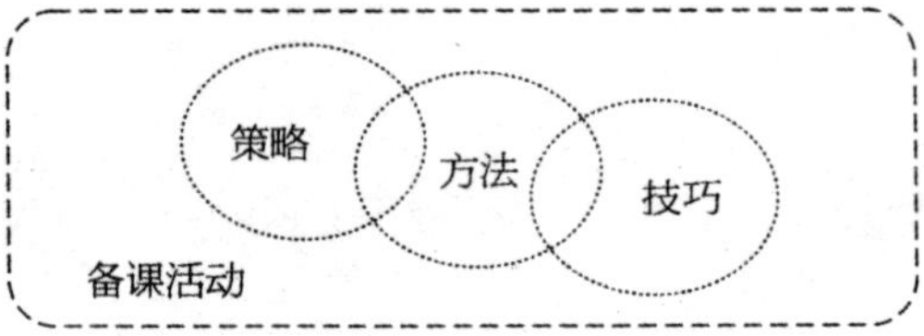

关于备课策略、方法和技巧的关系

关于备课方法有多种，各有千秋，各具特色，这将在第五章中具体阐述。

关于改进备课的策略，一般说来，从其现实意义的角度，即符合现代课程要求的角度，主要包括资源借鉴策略、系统备课策略、预设与生成策略、同课异构备课策略等。

资源借鉴策略

资源借鉴策略，即通过借鉴他人已有的经验，形成自己的备课内容和备课成果。这种策略有利于开启教师的专业视野和新思维方式，有利于教师利用前人或他人的经验成果来发展，有利于教师个人业务能力在借鉴和继承中“积淀”和“创新”。具体来说，资源借鉴策略可以表现为以下几种方式：“剪贴复制”、“增删修补”、“改革创新”等。三种方式的操作及其功效参见下表。

关于改进备课的资源借鉴策略

策略		操作	功效
资源借鉴策略	剪贴复制	对杂志或网络上的优秀教学设计采取“拿来主义”，进行部分或全部的剪贴复制。	能不断学习、吸取新东西，减轻教师的抄写负担。他人的公开资源被有选择地利用。
	增删修补	对自己以前的教学设计，结合教学需要，借鉴别人的一些经验，进行“局部”修订调整，作为新的教学方案。	避免重复的低效劳动，常备常新。不仅使得自己以前的经验得以保留，而且也使得别人有益的“资源”和经验为“我”所用，使得自己的备课内容不断更新。
	改革创新	对自己和别人的备课设计进行“全新”的改变，是前一次的飞跃甚至是否定。	在“资源化”基础上更加个性化，求新求变，多出脚本教案，不断提高备课水平。

上述是资源借鉴策略常见的几种方式，这种方法主要是针对教师个人行为而言，主要借鉴的是网络、报刊、他人现有的静态资源。还有一种资源是动态的，共同创造的，是通过教师个人反思、同伴互助、专业引领为一体的新型备课策略，有利于促进教师在备课过程中实现专业成长。这类似于集体备课的类型。具体操作要求见第 5 章相关内容的描述。

资源借鉴式的备课策略，要求备课教师首先广采博览，兼收并蓄，学会站在巨人的肩膀上，开放自己的思想，使自身的积累逐步丰厚。但是教师还是要在学习、吸纳他人已有经验的同时，逐步形成自己独立的思考，“化”他人为自己，不被资源的海洋所淹没。要从中提炼自己的教学思想，再去丰富教学资源。备课中，资源化最终是为了达到个性化，而不是把别人的观点简单拼凑相加，而应和谐辩证地将自己的思想和别人的经验逐步统一在备课工作中。

站在前人的肩膀上改进备课的基础是不断学习和不断积累。如案例就是建立在日常积累基础上改进备课的一个经验。

【案例】 某些教师借鉴资源改进备课的经验

如何使自己的备课充分利用别人的资源呢？我们一些教师在这方面的经验是值得推荐的。如：

(1) 博览群书。从各种书籍、报刊中吸取与教学相关的精华内容，及时了解本学科、本行业的新知识、新情况，做好读书笔记。

(2) 常听课。通过听课，学习他人的长处，认真听取评议，主动征求领导意见和同行的意见，及时改正错误；倾听学生及家长的呼声，听取学生对教学的评议，以便“对症下药”，改进教学，开阔思路，不断创新。

(3) 勤写。边实践边总结，把自己积累的信息、资料、体会、办法记录下来，整理成文。

(4) 走向社会。有选择地交流，了解社会的变化与要求，使教学与社会息息相通。

改进备课可以借鉴的资源有多种，教师一般可以从四个方面来入手：一是对社区、家庭资源的利用。如社区银行中有关存款利息的知识，可以作为生活数学的学习资源，在分数的学习中应用。第二是其他学科的资源。如语文课涉及许多学科的知识，完全可以相互利用；物理与数学之间、地理与历史之间、生物与化学之间等等，都有经常可以相互利用的知识资源。第三是将其他材料上的习题和本学科例题相整合而形成的资源。这种资源需要有选择地使用，要能够起到开阔学生思路的作用。第四就是网络资源的利用。

系统备课策略

备课需要一系列的步骤（程序）和相应的技能技术，系统可以从两个维度来进行理解，一是从内容维度来看；二是从时间维度来分析。

首先，从时间维度来看，备课主要分为常年备课、学期备课、单元备课、课时备课。

1. 常年备课

苏霍姆林斯基在《给教师的建议》一书中提到了教师如何备课的问题。他举例说，一个有三十年教龄的历史教师上了一节非常出色的课，连听课的教师和指导员都完全被这节课所吸引住了，就跟自己也变成了学生一样。课是怎样备出来的呢？一位听课教师问这位老师："您用了多少时间来备这节课？不止一个小时吧？"这位教师这样回答："对这节课，我准备了一辈子，而且总的来说，对每一节课，我都是用终生的时间来备课的。不过对这个课题的直接准备或者说现场准备，只用了大约十五分钟。"这个回答很耐人寻味。其实也就是说，好的备课不能仅仅局限于课前几个小时，它应该更多地依赖于教师长期的观察、积累、学习与体验，持之以恒，长期不断地积累。这其实也是现在所倡导的"终身备课"理念。

怎样进行这种准备呢？苏霍姆林斯基告诉大家：要读书，每天不间断地读书，跟书籍结下终生的友谊。一些优秀的教师的教育技巧不断提高，正是由于他们持之以恒的读书，不断地充实他们的知识储藏，使得他们在课堂上讲解教材时更加自如地分配自己的注意。他们不仅在教书，而且在教书过程中，给学生以心智上的训练。

2. 学期备课

学期备课是指教师在教学大纲指导下对整册教材的钻研，学期备课可粗一些。学期备课后可编制出"教学进度计划表"，可以是一学期的，也可以是一学年的。考虑到教学计划所涉及的要素较多，在具体制订时，应该从实际出发，选择最主要的因素，建立一个两维细目的表格，其中一个维度就是时间进程，另一个维度应该是那些主要的因素，使得一个学期或一个阶段的教学有一个系统安排，引导单元备课等行为的计划性和有序性。有些学校制订了供所有教师用的通式表，这就需要对表格的使用作一定说明。

教师可以参考以下案例提供的一个教学计划表：

【案例】 学期备课计划——教学进度表的参考样式

________课程教学进度参考计划表

学年 第 学期 授课班级： 第 页

周次及起讫日期	教学章节及内容	授课类型				教材页码
		新授课	复习课	训练课		
第 周 月 日 至 月 日						
第 周 月 日 至 月 日						
……	……	……	……	……	……	……

使用说明：1. “授课类型”空格处，各学科可以填写本学科具有特色的授课方式；
2. 本表格经过集体研讨后，以学期为单元进行填写；
3. 本表经备课组和校教务处批准并备案后执行，教师可以依据实际适当调整；
4. 本表一式两份，教务处一份，教师一份。

教务处签名：________ 任课教师签名：________

年 月 日

以上只是一种类型的设计方式。教学进度计划表有很多种设计方法，并且可以依据各个学校和学科特色，进行调整或重新设计。

3. 周备课

所谓周备课，顾名思义，就是要备一个星期的教学内容。对于一个周课时较多的学科，周备课具有阶段统筹、整体设计的功能。教师在教学之前不仅要知道这一课要讲的内容，还要知道这节课的相关内容包括前后的知识联系，以及这节课在本周的教学中处于什么地位，形成完整的知识网络。只有这样，教师在教学时才能做到从整体上把握每一点滴的内容，使自己的教学有条不紊，做到前后贯通、重点突出、详略得当。这样，也有利于学生提高认识能力、加快学习进度、提高学习效率，有助于学生较好地把握知识网络，使知识系统化。

周备课的好处固然很多，但在实际操作中有部分教师认识不到周备课的意义所在，为了应付检查，周备课只是流于形式。这是需要解决的问题。

4. 单元备课

单元备课是在一个单元或一个课题的教学之前进行备课，一方面可以帮助教师加深对本学科的整体理解；另一方面也可以提高校本教研中备课的有效性。

单元备课可拟出“单元的教学计划”，围绕这个“教学计划”进行备课与设计。

教学单元一般按教学内容知识点划分。如“平行四边形和梯形的面积”可分为：“平行四边形、菱形和梯形的认识”和“平行四边形和梯形的面积”两个教学单元。有些教学内容涉及的章节较大，教学时间较长时，可以把知识内容按知识点构成若干个小单元。教学单元一般宜小一些，以5—6个教学时数为宜，便于作整体考虑；单元过大不宜照顾周全。

单元计划应包括以下几个部分：

①单元名称；

②单元教学目标；

③教学时间；

④课时安排；

课时	课题	教学内容	练习	备注

⑤目标测试题举例。

一般在每份单元备课后附一份与目标相匹配的测试题。

【案例】“乘、除运算及其应用”单元复习教学设计

- 单元名称：复习与提高
- 课时数：7课时
- 单元教学目标：

1. 掌握连乘、连除的运算顺序。
2. 让学生学会将生活和经验世界的实际情节用数学模型表示。
3. 会求相差数。
4. 会解乘除法的应用题。
5. 认识正方体的展开图。

- 单元重点：掌握连乘、连除的运算法则。
- 单元难点：会解乘除法的应用题。
- 课时安排：

课时	教学内容	教　学　要　求	练习配备
1	乘除法的计算	复习第三册中有关运算的内容（乘除法、乘加、乘减、除加、除减、几个几加减几个几）。	
2	乘除法的应用	解乘除法的应用题。	
3	分拆为几个几	能将 14×6 这类表外乘法题拆成两个表内乘法题来完成。	练习册 P1
4	连乘、连除	掌握连乘、连除的运算顺序。	练习册 P2
5	相差多少	求相差数。	
6	练习	求相差数。	
7	正方体展开图	认识正方体的展开图。	

- 目标测试题：

一、口算

$8\times9=$　　$46\div8=$　　$6\times4+12=$　　$48\div8\div2=$　　$2\times3\times5=$

二、（　　）里最大能填几

（　　）$\times6<37$

三、它们相差多少？

18 和 41　36 和 29

四、哪个是正方体的展开图？

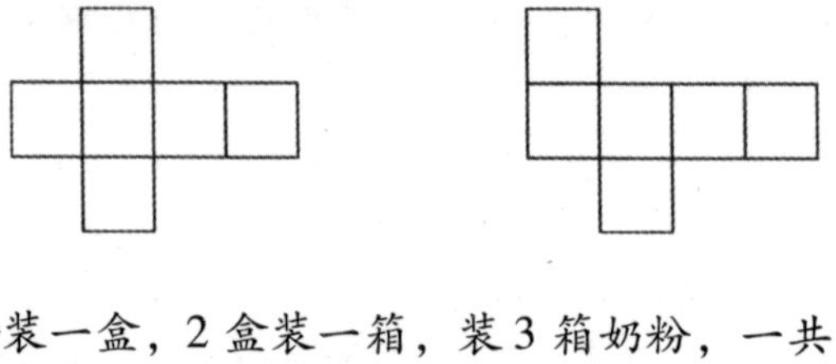

五、应用

1. 4 听奶粉装一盒，2 盒装一箱，装 3 箱奶粉，一共需要几听奶粉？

2. 54 个同学做花，平均分成 6 组。

（1）每组有几人？

（2）每组发 3 把大剪刀和 2 把小剪刀，一共要多少把剪刀？

（3）要做100朵花，每组做10朵够不够？

5. 课时备课

课时备课是根据教材中每个单元明确的教学目的、任务、要求、重点、难点及其相应的教学方法，进一步从每节课的实际出发，认真研究和解决单元备课各项计划的具体落实。关于课时备课，将在本书分论部分结合具体学科展开阐述。

6. 课前复案

这是在上课前教师对教案内容再度揣摩构思、默记、熟练的过程。

7. 课后总结

这是教者课后回顾、反思的总结过程，可以用“教学后记”的形式表示。

这些备课从时间维度上形成一个系统，相辅相成。

其次，从内容维度来看，系统备课主要要综合考虑以下一些要素：教学目标的确定；教学对象和教学内容的分析；设计选择教学策略；设计教学过程；教学评价。这些基本要素相互联系、相互制约，构成了教学设计的总体框架与系统。

（1）确定教学目标。

教学目标的设计与确定是通过对教学对象和教学内容进行综合分析后形成的。一般来说，对教学对象的分析，主要包括：首先要了解所教班级学生的整体学习情况；其次要了解学生已经具有的与教学有关的知识，掌握了哪些？掌握的程度怎样？最后要了解学生在思维、情感等心理年龄上的差异。

（2）教学内容分析。

首先要了解现行教科书的体裁和结构，其次要了解课时教学内容与前后课之间的联系及其在全册教科书中的地位，最后了解课时教学内容中各子目的内在联系。

值得一提的是，奥苏贝尔和加涅等心理学家的研究都表明，学习者在某项学习目标上已具备的知识和技能、了解和掌握的程度是教学工作成败的关键。这就告诉我们，要搞好教学设计的蓝图，分析学习者在进入学习过程前的初始状态是关键，包括他们的认知结构的特点，知识与能力准备状况，生理、心理特点，并据此进行教学设计。单纯地根据教学内容进行教学设计，而不考虑学习者的水平和能力，不可能获得良好的效果。总之，教学设计要以学习者为中心，时刻考虑“谁在学”的问题。教学设计应该“创造一种适合所有儿童的教育，而不是挑选适合教育的儿童”。

对于如何描述教学目标，我们认为不是写教师的教学活动，而是写希望学生在学完后应知道的或能够做的行为变化。因此，在教学目标的编写过程中，要注意教学过程与学习结果的区别，不要把学习目标写成教与学的活动。但是，在实际教学中，有的教师所陈述的教学目标，指的却是教师在课堂教学中的活动，或教师指导学生进行的活动。

（3）设计、选择教学策略。

教学目标确定后，就要进行教学策略的设计。教学策略是实现教学目标的重要手段，是教学设计研究的重点。选择有效的教学方法和教学手段，是实施有效教学的必要条件。通过教学策略的设计，明确教学的形式、手段和方法，即“怎样教”的问题，促使教学过程优化与高效。

教学策略具有指向性、灵活性和多样性的特点。我们依据教学目标、相关的学习和教学理论、学习内容、学习者特点和一定的客观条件来设计、选择教学策略。

教学策略设计内容主要包括：

①划分单元课时，组织教学内容，包括教师对教材内容的重新组织。

②教学组织形式的选用，具体来说如秧田式的组织形式，还是梯形式的？还是小组合作式或圆桌式？

③教学方法的选择，如采用游戏法还是角色扮演？是辩论还是展示？是户外体验还是观看媒体录像等。

④组合运用教学媒体。教学媒体包括多媒体，如Flash、多媒体教具等；还包括一些教学资源，如背景资料。伴随着现代科技的迅猛发展，现在可供选择的教学媒体多种多样，选择的余地也很大。我们应该根据学习内容的需要、学习者的特征、教学目标的要求、教学策略的安排等选择最恰当的教学媒体。各种教学媒体各有所长、各有所短，没有一种能对所有教学情境都适用，我们应遵循“经济、有效、可行”等原则来加以选择。

（4）教学设计的评价。

经过以上各个环节，就可以得到教学设计的初步方案。设计的教学方案能否带来理想的教学效果？学习需要、学习内容和学习者的分析是否准确？教学目标的确定是否具体明确？教学策略的设计是否合理？教学媒体的选择与设计是否有效？要回答这些问题，就必须对教学设计的成果进行评价。

教学设计的评价主要有终结性评价和形成性评价两种，一般采用形成性评价。教学设计方案的形成性评价，是指在教学设计方案推广应用之前，先在一个小范围内试用，以了解该方案的可行性、实用性、有效性等使用情况，如有缺陷，则予以修正，然后再试用、再修正，直至满意为止，以提高教学设计的质量，保证获得最优秀的教学效果。形成性评价注重过程，着重从观察者、教师、学生那里寻求证据。

由于总结性评价往往由独立的评价者进行，一般不是由教学设计人员本身进行，故一般不包括在教学设计的过程之中。

上述的流程并不是绝对僵硬的、线性的，它们之间有些步骤可以跨越或循环进行。

预设与生成策略

预设，就是根据教育目标和学生的兴趣、学习的需要以及已有的知识经验，以多种形式有目的、有计划地设计教育活动。

生成，是指师生依据学生的兴趣、经验和需要，在与环境交互作用中进行有效的动态性调整，以引导学生生动、活泼、主动地进行新知识的探究。

教师在备课中对学生在教学中的表现和学习目标的达成有一个基本的估计和可能性的预测。这是教师凭着自己的教学经验所作出的一种判断。一个教师教学经验越丰富，对教材吃得越透，对学生了解得越深，他作出的判断就越符合教学实际。但是教师在教学中不应局限于“预设判断”，而应当着力发展“生成判断”，一旦出现更有价值的信息，教师就要及时捕捉，使之转变为促进学生深入思考的“亮点”，或拓展、或深化、或升华……

要正确处理好预设和生成的内在联系，教师要能够及时捕捉学生中间的热点问题，走进学生的生活，了解学生，解读学生，让有教育价值的活动生成、发展、延续，让课程真正追随学生的发展。

生成的要义：以原来设计和组织预设的课程经验为基础，吸纳生成理念和做法，经过同化、顺应，把原有经验整合为自己的新经验；考虑活动方案时，多几种假设，多几种课程发展的可能性；当发现学生真正感兴趣而且有价值的事物和现象时，教师应大胆打破原来的计划，调整教育活动的内容；当发现原定的活动时间、进度不符合实际情况时，不拘泥于原定计划，而是顺应教学的自然发展，因势利导。

下面是一个科学与技术教师在上《看不见的空气》中，处理预设和生成关系的案例。

【案例】 《看不见的空气》一课中的生成策略

在教学一年级第二学期第六单元的《看不见的空气》一课上，我让学生讨论这样一个问题：空气有重量吗？问题一出，学生们就七嘴八舌地讨论了起来。有的说：空气没重量，因为如果空气有重量，那我们为什么一点也感觉不到。有的说空气有重量，因为空气是一种东西，东西一般都有重量，世界上没有不存在重量的东西。……面对学生这样热烈的讨论，我也不忍心打断他们的热情。原来的教学顺序是老师安排一个演示实验，让学生通过观察了解空气是否有重量。但我临时改变了教学方法，我让全班 12 个小朋友分成了有重量和没重量的两组，并告诉他们：争论是没有用的，既然我们现在讲科学，那你们可不可以用科学的实验来证明自己的观点呢？当时教室里一下子没有了任何声音。一年级的学生从上学以来，一直是在老师的安排下做实验的，还从来没有自己设计过什么实验，一下子要他们设计一个实验，他们显得有点不知所措。就在这时候，一个平时比较调皮的男孩子说了一句话："有没有重量用秤称一下不就知道了！"一下子教室的气氛又活跃了起来，各种各样的方法开始一一出笼：有说用电子秤的，有说用妈妈买菜用的秤的，还有的要自己做一个秤的……凡是他们看见过、听到过的秤都说上了。但我们的教室里并没有这些称量工具，只有我带来的一个天平秤。既然只能用这一个秤，学生的问题又来了，我们用什么去装、如何去装空气呢？瓶子？罐子？最后学生决定用喝水的水瓶来装空气，这时新问题又出现了，两个瓶子，装空气的事好办，但另一个瓶子中的空气又如何去掉呢？学生们又想出了很多不切实际的想法，但其中一个学生的想法引起了大家的注意，他说用嘴吸把瓶子里的空气全吸掉。大家哄堂大笑，我就让他上讲台来示范给大家看，结果是失败的。但这时候，有一个学生突然说，用气球应该可以的吧？吹气容易吸气难，大家一下子兴奋了起来，我这时拿出了本来要做示范实验的气球。问题全解决了，空气是有重量的，我们平时感觉不到，是因为我们就处在空气当中。

这节课由于我临时的改变，不但为学生创设了轻松、活跃的学习氛围，而且使学生在活动中，敢问、敢想、敢说、敢做。在活动中，不断产生问题，又不断解决问题，唤起学生的兴趣，激活学生的思维。学生们时而凝神静思、时而眉头舒展，争先恐后，议论纷纷，形成了课堂教学的一个个小高潮，激起了学生强烈的学习热情，激发了创造想象。在活动中，不但使学生们学到了知识，而且充分发挥了学生的主体作用，学生真正成了学习的主人。这样不但增加了这些孩子的自信心，而且能够更好地挖掘他们的创造潜能，使孩子们插上想象的翅膀，在“科学”这片天空中自由翱翔。

我想，这位教师在下次备课中，碰到相关的教学方法和内容，也会因为这次生成事件的经验，而对原先的备课内容有所调整和完善。

同课异构备课策略

同课异构是指同一节的内容，由不同教师根据自己的实际与理解，制订不同教学方案。教师的差异，使得所备的课在结构、风格，以及采取的教学方法和策略上各有不同，这就构成了不同的教学设计和教案。同课异构教学研讨为教师们提供了一个面对面交流互动的平台。交流中，教师共同探讨教学中的热点、难点问题，探讨教学的艺术，交流彼此的经验，共享成功；或者，针对一些教学难点和问题，从多维的角度，以迥异的风格、不同策略在交流中碰撞，开展多层面、全方位的合作和探讨，整体提升教师的教学教研水平，提高教学质量。

随着课程改革的不断深入，越来越多的教师发现，面对不同的学生，要因人而异、因地制宜，采取不同的教学方法；再加上教师之间教学理念的差异，教学经验的深浅，教学个性的迥异等种种的因素，必然导致不同教师面对相同的教学内容会有自己个性化的教学设计。因此同课异构成为了一种日渐流行的校本研究形式。其基本模式是同学科同主题的内容，由不同的教师设计不同的教学方案，在不同的教学班级进行教学，体现出不同的教学风格，带给教师教学研究更多的思考和感悟。

1. 如何理解同课异构的含义

同课异构是由学生学习的基本特点决定的。《基础教育课程改革纲要》指出课程内容要关注学生的经验，各学科的课程标准也都对关注和丰富学生的经验提出了具体的要求，这对深化教学改革、促进学生的发展有着重要的意义。同课异构活动，正是认识到学生的个体差异性，让教师在教学研讨活动中，能够基于学生不同的认知水平、学习能力、生活体验，设计出符合学生学情的，能有效达成教学目标的教学方案。

但无论怎样的“异构”，都需要重视“同”的价值。因为，我们的教学内容是一样的，教学目的大体相似，教学对象的年龄特征、认知水平相似，这在一定程度上决定我们的教学设计在很多方面“同”。有人极力倡导“羞于雷同”，这未免有些矫枉过正了。“异构”的目的是要求教师根据学生和教师的实际开展教学，提高教学的有效性，而不是为“求异”。因此在“异构”中并不排斥教师使用相同的材料，也不排斥教师使用相同的方法，只要是适合教学要求的、有效的都可采用。

总的来说，同课异构教学研讨活动中，如果教师的教学设计有太多的“异”，则意味着不成熟，也标志着危险。但太多的“同”意味着简单的重复、机械的操练，难以体现教学的价值。

2. 同课异构备课的要求

同课异构要突出集体备课研讨

年级学科组集体研讨是同课异构的重点，学科牵头教师要带领全体学科组上课教师就教学重难点、重难点突破的手段、教学环节、教法学法、课堂教学反馈训练点、德育点进行研讨，达成共识，以确保基础知识、基本能力的“两落实”。实际上，集体备课研讨的过程也是提高学科全体教师分析能力的过程。集体备课研讨后教师要结合自己所教班级学生的特点和教学优势，对课堂教学进行充分的预设，写出教学详案。

同课异构要突出“做一次诚实的不欺骗自己的评课”

评课是同课异构的又一个侧重点。同伴教师听完课后，在充分肯定上课教师成功之处后，实事求是地指出上课教师的不足，真诚地提出自己的教学建议才是评课的目的。缺少有价值的商榷、没有对立面的争论，一味的“形势一片大好”的“吹捧”的评课是自欺欺人的虚伪的评课，它对教师专业成长没有促进作用。开展同课异构教研活动，诚实评课是重点，我们可以采取“书面案例式”的方式进行评课，这样可以有助于说实话，减少评课的盲目性。

同课异构要突出听课、评课后的反思和“二度教学设计”

听完同伴教师上课后，听课教师在上课前有必要根据同伴教师上课的情况进行反思，对自己的教学进行“二度教学设计”，以便改进自己的教学，使课堂教学更加圆满。

“二度教学设计”是指在课前充分预设的课堂教学的基础上，在课上具体实施时，面对有别于预设的生成事件，及时调整原先的教学目标、教学方法、教学内容、活动方案，在头脑中即时进行的教学设计或在课后反思时进行的重新备课和教学设计。

“二度教学设计”可分为两个大方面。一是课后“二度教学设计”。吸收同伴教师上课的长处，弥补自己教学设计的短处，或从同伴教学中吸取教训对照改进自己的教学设计；二是在课上根据学生的实际情况，发挥教学机智，对原有的教学设计进行临时调整。教师要在学生出错处、出新处、出疑处、出异处展开课上“二度教学设计”。

【案例】 同课异构的备课活动

为了让教学回归到教学的基本元素中来，让更多教师关注创造性地使用教材，真正实现以“教育资源优质化，特色课程多元化”的学校课程特色理念，推动教师和学生的共同成长，上海东昌中学东校开展了同课异构为主题的协同教研活动，也拉开了《提高课程效能，焕发师生生命活力》的学校新一轮发展教育计划的序幕。

本次同课异构活动选择了新编教材预备年级鲁迅作品《社戏》这一课为主题，由学校已有30年教龄的语文年级组长韩惟群老师率先上课。整堂课，韩老师让同学们通过质疑的形式，对文中难点进行提问，凭借自己对鲁迅作品三十多年的研究进行一一解答。而另一位年轻的教师王晓云则通过组织学生朗读和多媒体形式，帮助学生理解课文。同样的课文，不同的老师，教出来会有怎样的效果？年轻教师和老教师如何在教学上取长补短？东昌中学东校开展的教师同课异构教学研究，为教师们搭建了一个交流实践的平台。

东昌中学东校韩惟群老师告诉我们：其实对课文的理解也是多元的，也就是所谓的条条大路通罗马。用不同的形式上课，同样是解读课文，切入方法不一样，可以产生更多的教学方法和形式。学校还将开展跟进式的听、评课活动，引导教师深入地剖析教育教学中学生的关注点，教学方式与学生的学习方式的关系等问题，提高课程效能，焕发师生生命活力，使“教学有价值、教学有效果、教学有效率、教学有魅力”。

这次学校开展的以同课异构为主题的协同教研活动，在上课、听课和评课的过程中，一些刚刚踏上教师岗位的年轻教师从老教师身上吸取了不少教学经验，而他们从大学带来的最新教学理念也让老教师得到了不少启发。东昌中学东校李永明校长说：年轻的教师有很多科学的做法，因为年轻教师思想比较活跃，他们掌握新技术比较快，老教师在这些方面相对滞后一点，他们之间在互动过程中，互相学习，互相提高。据了解，东昌中学东校的同课异构教研活动给教师和学生带来了学习探究的活力，他们将会继续研讨下去，使教师有机会静下心思剖析教材，近距离研读学生，体会创新的快乐。

备课策略使用注意要点

备课策略并不是一种模式，而是一种思路，即教师在新的教育形势下，要形成备课观念上的很多转变，而不是机械地去套用一种方法或一种程序。

1. 注重在一定教育教学理念下指导进行系统的备课

备课具有理性化特点，理念应是设计的灵魂，没有理论的指导仍然是一个简单的教案。教师们在进行备课时应该具有理性的思考，要将理论与实践结合得紧密些。教师要在吸收传统备课优点的基础上，根据课程改革和教育发展趋势，对新形势下的备课进行改革完善。

传统备课的主要问题有：强调教师作用，忽视学生能力培养；强调教学的预设性，忽视教学的生成性；强调知识传授，忽视激发情感；强调解题技巧，忽视生活运用；强调学科本位，忽视课程整合。针对这些问题，应按现代教育教学理念对备课进行革新。

传统备课与现代备课的比较

教学目标	以教师为阐述主体，使学生掌握双基和培养能力。	以学生为阐述主体，在知识与技能、过程与方法、情感态度与价值观方面都得到发展。
教学分析	教材教法和教学重点难点分析。	对任务、目标、内容、学生实际情况等方面进行综合分析。
教学过程	传授知识、鼓励学生模仿记忆的以教为中心的教学过程设计。	创设情景鼓励学生在体验、探究、发现、思考、问题解决过程中获得自身提高和发展的教学过程设计。

策略制订和作业设计	1. 传授的策略和帮助学生记忆的策略； 2. 以传统媒体为主； 3. 以技能训练，知识（显性）记忆和强化作业设计为主。	1. 学法指导、情景创设、问题引导、媒体使用、反馈调控等策略； 2. 多媒体的教学设计； 3. 根据不同需要如知识、技能、方法、态度、能力的培养来设计学习训练。
效果评价	掌握知识技能，解决问题。	知、情、意都得到发展，为终身可持续发展奠定基础。

2. 关注备课诸多要素之间的有机联系

一门课程各个章节、单元和主题之间是有机联系的整体，它们在知识与能力上存在层次上的关联。一般来说，备课有三个要素是主要的，一是教学目标的确定；二是课堂教学流程的设计；三是学习训练与学习评价建议。其中，对于课堂教学流程的设计，建议在设计的时候结构化或图形化，这样有助于一目了然。课堂教学的过程设计，建议主要抓住情境的创设、问题的设计、活动的开发三方面来进行。学习训练与学习评价建议，建议最好有评价的示例与说明，而不是原则性的要求。

备课还应该包括教学反思，这在后文中有具体阐述。

3. 精心设计“三维”教学目标

备课要明确知识与技能的目标，包括事实、概念、操作、逻辑、关联、结构等；还要突出过程与方法的目标，包括体验、感悟、探究、实践、合作、交流等；更要整合情感态度与价值观的目标，包括人与人、人与社会、人与自然等价值观、态度，以及相互关系的理解等。建议教师有意识地提炼每个章节、每个单元或每个主题在这三个方面的课程价值：一是核心概念（对应着知识与技能目标）；二是学习过程（对应着过程与方法目标）；三是特定的教育价值（对应着情感态度价值观目标）。

这样备课就容易明确、具体、适切，体现对教学过程的引导。

4. 重点体现“教与学”方式的改革

新课程改革倡导实践体验、自主探究、合作交流的学习方式与接受性学习方式的有机结合；倡导“做”、“想”、“讲”有机统一的学习过程；倡导合理灵活地利用各种课程资源和信息技术进行学习。因此我们在备课中一要强化活动设计：情境启示——问题引导——活动探究——

应用巩固；二要重视环境设计：自然环境和人文环境的统一。

当代备课的研究和实践在发达国家已相当流行，有的国家（如美国）已设计并编制出教学设计软件。教师在备课时只要把相应的数据（如学生特征、教学目的、现有媒体情况等）输入计算机，就可得出教学设计结果。但是教育的情境是复杂多变的，人是具有创造力的，这种机器化的教学设计违背人创造的本性，是相对机械的。

5. 注重实现从“备教师”转变为“备学生”

新课程改革强调教学要从注重教师的教，转变到注重学生的学。那么在备课策略上，教师要多“备学生”，在备学生中，要做到“六个了解”：

（1）了解班级基本情况。如学生的构成、智能结构、学习情况，以及多数学生对自己教学所持的态度等。

（2）了解学生个体情况，如学生年龄、身体状况，以及家庭教育环境等。

（3）了解学习基础。如整体及个人的学习基础，优、中、差学生的比例。在讲课前还要了解学生是否具备学习新知识前的预备性知识，新课可能产生的困难与障碍，学生对学习新知识的兴趣等。

（4）了解学生对教学方法的意见。如对哪些方法适应，哪些方法不适应，喜欢什么样的方法，不喜欢什么样的方法等。

（5）了解学生个性差异。通过各种渠道、各种方式了解学生的兴趣爱好、气质类型、性格特点、智力差异等，从而为因材施教提供依据。

（6）了解学生的变化与进步。要全面准确地了解学生，不仅要从静态上来了解，还要从动态上来了解。特别要善于发现学生的进步，哪怕是微小的进步，都要及时地强化引导，使之体验到学习成功的愉悦，产生巩固自己成绩的动力和继续前进的愿望。

第六章

教案及其分析

如果说备课是上课的基础，那么，教案是上课的基本依据。所以，备课的结果是反映在一份教案上的。在新课程的背景下，一份有价值的教案必须具有哪些要素？应该具有哪些特征？如此等等问题都需要清晰化。

教案是教师备课结果的主要呈现形式。以授课单元或章节为单位编写的具体教学方案，是授课思路、教学内容、教学技能的客观反映。

与教案相关的另一个概念是“教学设计”。对教学设计的理解有多种，一般比较公认的解释是：“运用系统方法分析教学问题和确定教学目标，建立解决教学问题的策略方案、试行解决方案、评价试行结果和对方案进行修改的过程。”该定义与张祖忻、史密斯、雷根、皮连生、何克抗等专家所定义的“教学设计”概念大体一致，即他们都强调教学设计是一个系统化的过程，包括如何编写目标、如何进行任务分析、如何选择教学策略与教学媒体、如何编制标准参照测试等。这些操作是必要的，也是最基本的。正是这些教学设计的系统化操作程序使教学系统设计理论和方法得到了广泛应用。

这样看来，教案是教学设计的呈现形式，而教学设计是形成教案的一个“系统化”过程。两者有着天然的联系。

现在，又有一些教学理论与实践者，根据新课程的理念，或者是参照国外“学程设计”的思想，提出了一个“学案”的新概念，这是相对于“教案”的新概念。将教学设计看作包括对“教”的设计和对“学”的设计，形成一个统一的系统，将重心由“教”移到“学”。

教案的主要内容

一份优秀的教案主要包括以下一些内容与要求：

(1) 全面具体的教学目标；

(2) 定位准确的教学重点；

(3) 实用必需的教具学具；

(4) 切中要害的学情分析；

(5) 突出活动的教学过程；

(6) 务实灵活的练习设计；

(7) 美观助学的板书设计；

(8) 有利成长的教学反思。

【案例】 《圆的认识》教案设计

圆的认识

教学内容：教科书第93—94页例1、例2、例3、练一练、练习十七第1、2题。

教材简析：圆的认识，是在学生认识了长方形、正方形、三角形等多种平面图形的基础上展开的。教材的编排是先借助实物揭示出"圆"，让学生感受到圆与现实的密切联系，再引导学生借助"实物"、"圆规"等多种方式画圆，初步感受圆的特征，并掌握用圆规画圆的方法。在此基础上，再引导学生通过折一折、画一画、量一量等活动，帮助学生认识直径、半径、圆心等概念，理解半径和直径的意义以及它们之间的关系，同时掌握圆的基本特征。教材通过对圆的研究，提高学生解决简单实际问题的能力，也为以后学习圆柱、圆锥等知识打好基础。

教学目标：

1. 知识目标：使学生在观察、操作、画圆等活动中认识圆，知道圆心、半径、直径；能借助工具画圆，能用圆规画指定大小的圆；能应用圆的知识解释一些生活现象。

2. 能力目标：使学生在活动中进一步积累认识图形的学习经验，增强空间观念，发展数学思考的能力。

3. 情感目标：使学生进一步体验圆形与生活的联系，感受平面图形的学习价值，提高学习数学的兴趣、增强学好数学的信心。

教学重点难点：

重点：掌握圆的特征，理解直径和半径的关系。

难点：学生通过自己动手操作，尝试得出圆的相关特征。

教学准备：

1. 多媒体课件、大小不等的圆片。

2. 直尺、三角板、圆规、圆形纸片、硬币等圆形物体。

课时安排：一课时

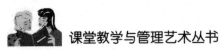

环　节	学生自学事宜	教师引导事宜
明确自学重点 （3 分钟）	自学重点一： 1. 知道圆心、半径和直径。 2. 能借助圆规画任意大小的圆。 3. 在你的圆中标出圆心，任意画一条半径、一条直径，用相应的字母表示。 4. 画半径是 3 cm 的圆。	板书课题，明确重点。
围绕重点自学 （5 分钟）	自学提示一： 1. 请打开书，看看书上第 94 页例 2。 2. 说说圆各部分的名称。 3. 说说你是如何画圆的？	独立阅读课本，理解圆各部分的名称。
明确自学重点 （3 分钟）	自学重点二： 1.（1）在同一个圆里，可以画多少条半径，多少条直径？ （2）在同一个圆里，半径的长度都相等吗？直径呢？ （3）同一个圆的直径与半径有什么关系？ （4）圆是轴对称图形吗？有多少条对称轴？ 2. 说说你在操作中有什么发现？你是怎么想的，又是怎么操作的？	明确自学重点，组织学生认真分配自学任务。
围绕重点自学 （15 分钟）	自学提示二：第 94 页的例 3 1. 请同学们在圆纸片上画出半径，看能画出多少条？请同学们用直尺量一量画出的半径有多少厘米？ 2. 你发现了什么？请四人小组讨论：在同一个圆里，半径有什么特征？直径有什么特征？它们之间有什么关系？ 3. 你还有什么发现吗？	引导学生动手操作，主动探索、并发现圆的有关特征，理解直径和半径的相互关系。

环　节	学生自学事宜	教师引导事宜
点拨自学得失 （4 分钟）	你还有什么疑问吗？ 小结： 在同一个圆里，有无数条直径，也有无数条半径。 在同一个圆里，半径都是相等的。 在同一个圆里，直径都是相等的。 在同一个圆里，直径都是半径的两倍。 圆是轴对称图形，有无数条对称轴。 直径是一个圆里最长的线段。	
巩固自学成果 （10 分钟）	1. 填空； 2. 判断； 3. 拓展延伸（圆的应用）。	引导学生解决练习中的问题。
板书设计：　圆的认识 画圆： 1. 定点　圆心：o 2. 定距离　0d　半径：r 3. 旋转　直径：d		

上述教学案例是数学学科的，也是教师结合“自学引导”的思想所设计的一份教案，具有一定的独特性。

根据不同学科、不同内容的备课要求，教案栏目可以有适当调整。比如教具学具可能对于一些理科课程更加需要。练习设计可能对于一些工具性的学科更加需要。当然教学反思也不是绝对的要求。

教案的基本形式

围绕这些主要内容，教案可以采取多种形式。这里介绍几种典型的教案形式。

1. “0”型教案

针对传统备课形式中，对于同一教学内容反复备课往往会浪费许多时间，因此造成抄教案的现象，有些教师提出了“0”教案的备课形式。即教师可根据自己的特点及实际情况编写教案，可在教材、教参上批注，画出重难点，也可以在以前的教案上圈点修改，可作提纲式编写，有时甚至还可以什么都不写。这种形式的备课不仅节约了教师备课的时间，更重要的是教师在批注的时候往往会形成自己的观点，在以前的教案上圈点修改，也有助于教师对从前的教学进行反思，找到教学的新思路。

2. 方案库和案例合作教案

“方案库”教案是一种弹性化的备课方案，它打破了传统的“单线结构”的备课，为教师的教学提供了多种路径。它将备课环节分为“创设情境”、“教学新知”和“拓展延伸”三个部分，每一部分都由好几个方案构成，一旦在教学过程中遇到意外情况，教师即可调整自己的教学路线，选择别的教学方案。

所谓的“案例合作式”备课，就是教师将个人备课的心得和设想，写成片段的、短小的案例，如导入设计、情境设计、朗读指导设计、教学思路设计、探究问题设计、实践训练设计等片段，并通过校园网与其他老师交流合作，互动探究，最后由教师各自选择组合，形成自己的教案。这两种教案写作的优点是能够集教师智慧于一体，综合开发利用教学资源，既避免了集体备课的形式化、同质化，又使教师在备课时不再闭门造车。这种备课又不同于互抄教案，因为每一个老师提供的教学案例或方案，都有很大的空白点，每一个使用它的老师可以根据自己和班级学生的特点进行补充、组合。

3. “分栏式”教案

这是对传统的教学过程做了大胆革新，将其细化，分为“两栏”，即教师活动、学生活动，“三栏”还可以添加“设计意图”。这种类型的教案写作比较强调学生的主体活动，几乎每一个教师活动的旁边都有学生的活动过程，尤其值得注意的是，这种教案将设计意图也写在旁边，有助于教师在课后进行反思。例如：

【案例】 《看物体》教案设计

看 物 体

教学目标

1. 通过观察，知道用眼睛可以观察物体的外部特征，体会眼睛的重要作用，初步经历有序观察的过程。

2. 积极参与游戏，体验完成游戏的成就感，初步养成有序观察的习惯。

3. 在活动过程中，积极参与交流，认真倾听他人的发言。

教学准备

长毛绒玩具、罐子、杯子、盆花、电风扇、拼图教具等。

教学过程

一、观察身边的物体

学生活动	指导要点
1. 观察：观察教师提供的玩具。 2. 交流：描述观察到的玩具的特征。 3. 观察：观察身边的各种物体。 4. 交流：描述观察到的各种物体的特征。	1. 引入时，教师可先利用身边的物体，通过问题提示（“老师准备的是什么？你们是怎么知道的？”）让学生直接进入本课的学习。 2. 在活动中教师可引导学生仔细观察物体的颜色、形状、大小、数量、动静等特征，使学生明白眼睛可以观察到物体的这些特征。 3. 学生观察时，教师应指导学生观察的方法，让学生初步体验有序的观察，如从上到下、从左到右、从局部到整体。

（行为观测点：有序地观察各种物体，描述它们的特征。）

二、游戏“看图找不同”

学生活动	指导要点
1. 观察：观察教材中的图片（娃娃），比较两幅图片中的不同。 2. 交流：交流两幅图片的不同点。 3. 比较并记录：比较活动作业中图片的不同点。（活动作业P1）	1. 在观察比较图片（两个娃娃）的不同点时，教师要有意识地引导学生进行有序的观察。教师可圈出学生找到的不同的地方，为学生独立完成后面的活动手册做示范。 2. 教师还可以寻找一些类似的游戏图片，组织学生开展活动，引导学生经历有序观察的过程。

（行为观测点：在有序地观察中找出图片的不同，积极参与交流。）

三、拼图游戏

学生活动	指导要点
1. 拼图：利用教师提供的材料，开展拼图游戏。 2. 交流：拼图活动中的体验、感受。 3. 总结：交流“有序观察”在拼图游戏中的作用。	1. 教师应事先准备好学生用的拼板，可根据拼板的难易程度采取不同的组织方式，比较简单的可不配对照图；对于比较复杂的，可配上对照图，供学生参考。 2. 在学生交流过程中，教师可请拼得比较快的学生介绍，使学生认识到有序的观察能帮助我们完成拼图游戏。

（行为观测点：积极参与游戏，完成拼图；认真倾听他人的发言。）

（上海市杨浦区控江二村小学　陆瑾）

4. 大纲式教案

这种教案写作形式的特点是课前的教案往往非常简单，只有最基本的几个教学步骤，但在课后根据学生上课时的反应进行补记。教师在备课的时候更多的是备教学设想、教学流程。这种方式最明显的特征是，与“分栏式”备课正好相反，学生的活动在教师备课写教案的时候是空着的，因为学生的活动教师是无法预设的。教学中留有空白是让学生的思想有更大的自由度，使他们的创造力有更大的发挥空间。这样的教案需要教师对文本形成多角度的理解，才能应付课堂上学生生成的各种情况，才能和最大多数学生对话。同时对教师课后补记的注重，也为教师的成长提供了途径。

这几种教案，前两种是着重于教师备课的改革，后两种则重在备课中对学生活动的改革。这些新的教案写作形式至少具有这些优点：

（1）“0”教案、方案库和案例合作备课使教师从沉重的教学任务中解脱出来，教师无需重复劳动。在备课的过程中，教师可以把大部分精力放在对文本和教学策略的钻研上，放在对自己和别人教学设计的反思上，进一步提高教学水平，从而使备课成为教学研究的一个组成部分。

（2）无论是“分栏式”备课，还是大纲式备课，教师在教案写作时都必须考虑到学生的反应，真正做到心中有学生。“分栏式”备课将学生的活动列入到教案写作范畴，使教师的教学更具有操作性，并可将课堂中学生的实际反应与教师预设的活动进行比照，从而准确采取适当的教学引导。大纲式备课虽然将学生的活动作为空白留到课后补充，但教师在写作教案时仍然必须考虑到学生的情况。这些教案的写作形式已经不再是传统的几种模块，灵活开放的教案写作使教师丰富的备课风格得以体现。

多媒体技术支持的教案

随着电脑的普及，纸质教案不再是展现备课成果的唯一形式。电子教案、多媒体课件、教学网页的出现，使备课形式更为多样。

1. 电子教案

“电子教案”就是在电脑上写教案。虽然在形式上教师似乎只是将原先的纸质教案搬到了电脑上，但是这种电子教案的出现弥补了传统纸质教案的不足之处：

（1）便于大规模地修改。纸质教案一旦形成基本就固定不变了，但电子教案允许教师根据实际情况大规模地修改教学思路、增删教学内容。

（2）便于长时间保存。一个教师如果工作十年，他至少会有二十本教案。若要进行资料整理，梳理二十年的教学思路，将是一个浩大的工程。电子教案的好处就在于既能长时间保存，又能方便教师整理，使教师能够更好地进行备课研究。

（3）便于随身携带，放入小巧的优盘即可。

2. 多媒体课件

除了纸质和电子教案外，多媒体课件也成为备课形式之一。多媒体课件将文字、图片、视频、音频集合在一起，创造了一个光、声、电结合的奇妙世界。

多媒体课件不仅有利于教师在备课时有目的地选择学生的作品制作成课件，在课堂上展示，还有利于教师创设课堂情境。多媒体课件利用声音与画面营造出来的教学氛围，如果教师能好好利用，将对教学起到促进作用。一般来说，多媒体备课可以有以下几种形式。

（1）演示型课件。在备课的过程中将教学内容整合进多媒体演示流程。教学时以教师演示为主，也就是教师操作，学生观看。多媒体演示可以使教学内容变得更加直观、形象，还可以帮助教师较好地掌握课堂的主动性，较顺利地完成教学任务。

（2）交互型课件。这种备课形式需要一些基本条件，比如教师需要制作一些交互式的教学课件，如果让学生通过计算机操作，需要有一定数量的计算机设备，学生也必须掌握一定的计算机及相关软件的操作技术等。但这种备课方式在教学实践中，可以让学生较多地发挥自己的主观能动性和创造性，还可以让学生抛开原有工具，尝试新的创作工具。比如在美术教学中，有“图案设计”这一教学内容，在学生有一定操作基础的前提下，就可以让学生通过计算机来完成设计作业，这些设计作业要求教师在备课时就可以根据不同年龄段学生的特点设计成交互型（也可以安排一些自由创造型的内容）的练习，让学生在人机对话与主动学习中既学到一些基本知识，又能通过计算机完成一定的设计创作练习。

（3）流程图型课件。这是一种比较特殊的备课形式，它几乎适用于小学的所有学科，兼有演示型与交互型两种备课的特点。它要求教师在备课时先设计好教学过程中的全部大环节，把每个教（或学）的环节以任务的形式展现出来，然后在每个环节中设计一些相关的任务，安排一定的教学活动，教学实践中可以按不同的课堂发展趋势通过不同的路径完成教学任务。流程图式的备课多考虑学生的主动性的发挥和创造性的体现，给教师尤其是给学生有一定的发挥空间，又能较好地完成教学任务。这种备课的方式在样式上更多地运用超文本链接方式。

（4）探索式课件。包括除上述几种形式以外的其他课件呈现方式，需要广大的教师在教学实践中不断地寻求和探索。比如运用特定的软件让学生参与到教学过程的设计中去等等。又比如在理科一些实验中，设计一些做实验的软件，让学生在使用这些软件的过程中，理解实验背后的科学内涵。

3. 教学网页

多媒体课件的不足是它一旦制作完成就很难改变，而且这种课件往往是单向的，互动性不够，如果教师没有考虑到这一点，会使教学重新陷入机械、程序的预设圈套之中。因此许多教师为了解决这个弊端，开始纷纷利用网络技术，运用网络的互动性，制作教学网页。根据需要，可以制作一篇文章的教学网页，或制作一个单元的教学网页，形成几个板块，如作者介绍、课文背景、文章评论、练习引导等。这样的教学网页便于学生进行自学，培养学生寻找资料、独立思考的能力。最重要的是，现在的许多教学网页还设置了互动平台，供学生和老师就阅读中的某些问题进行讨论。

板书设计的艺术

板书是教师运用文字、符号或图像，呈现教学内容和学生的认识过程，使知识概括化和系统化，帮助学生正确理解，增强记忆，提高教学效率的教学行为。

有人认为，现在都强调运用现代信息技术手段进行教学了，板书已经成为“一支粉笔加一张黑板”时代的过时的方式了。但实际上，板书仍然具有现代信息技术所不能达到的功能。教师把教学要点用题号和标题、概括的文字、图表等板书写在黑板上，再用联线、加强符号、彩色粉笔随时加以渲染，使一节课的内容简明扼要、系统清晰地展现在学生眼前。这样的过程不仅能够起到吸引学生的注意力，突出教学重点，加强教学的系统性、结构性的作用，而且容许学生的思维有一个缓冲的过程，有利于学生进一步深入地思考、理解与记忆。如在教师将一些词汇的英文和中文对照着写的过程中，孩子不仅潜移默化地知道了书写的顺序，而且也增强了记忆的效果。现在很多老师过分强调课堂教学的现代化与信息的大容量，将很多内容用 PowerPoint 的形式快速地放出来让学生浏览，长期这样，对于孩子的思考、思维、记忆是不利的。

另外，好的板书还是一种美的享受，教师漂亮的字体，巧妙的构思，不仅会使学生感受到板书的形式之美，而且会从教师的“艺术创作”中体会到教师的内在品格之美。教师能在黑板上写一手好字，画一手好画，能够很好地梳理出课堂内容的结构框架，也可以增强教师的魅力，从而激发学生对本学科的兴趣。

1. 板书的类型

（1）提纲式。提纲式的板书，是对一节课的内容，经过分析和综合，按顺序归纳出几个要点，提纲挈领地反映在板书里。

（2）表格式。表格式的板书，适用于对有关概念、物质的性质、试验进行分类与对比，从而认识其异同和联系。

（3）图表式。图表式的板书用文字、数字、线条、关系框图等来表达，这种板书适用于将分散的相关知识系统化，对某一专题内容进行分析、归纳和推理，或提示某一专门知识中的若干要素及其联系。

(4) 练习式。这种形式具有较强的启发性，教师在黑板上只列出表格或留出间隔，但不写出答案，给学生留有思考的余地，这种板书同时可以起练习题的作用，可以复习巩固所学过的知识。

(5) 综合式。综合式的板书，即以上四种板书的综合运用，再配合图画、图表等，构成了一节课完整的板书体系。

板书中，除了文字性的板书，还有图画和一些图表的板书。对于某些学科的教师如地理教师、自然教师、物理教师、化学教师、生物教师、科学教师、美术教师等来说，掌握一些基本的素描技巧，一些常见的动物、植物、实验器具、重要地理事物、地图等的画法尤其重要。

2. 板书的载体

如果从板书载体的维度来划分的话，以上所说的都是粉笔板书的不同类型，它已经被使用多年了，有许多优点，但也有一些不足。如粉笔沫会污染环境损害师生的健康，教师的劳动量大，所用的教学时间较长等。随着现代教育技术的进步，现在已出现了一些不使用粉笔的板书方式。

(1) 幻灯板书。这种板书可以在课前在幻灯片上写好、画好，使用时用投影幻灯打到屏幕上去。幻灯板书能克服粉笔板书的缺点，且保存的时间长，可以多次重复使用。但使用时滞留的时间短，且受光线、设备等限制，有时不够清晰。这种板书多在做练习或分析问题、所用的文字资料繁多、图表较复杂等情况下使用。

(2) 拼结粘贴式板书。这种板书是教师在课前在较硬的纸板、纸条上写好或画好板书内容，背面贴上双面胶或利用磁性黑板，上课时一边讲一边把相应的纸板或纸条贴到黑板上去，它既可以克服粉笔板书不卫生、劳动量大等缺点，又不受光线、设备的限制，且规范、美观，是颇具生命力的一种板书形式。若将大家普遍使用的文字板书、图表、景观图由工厂印制为产品公开发行，则既可以节省教师的备课时间，又能保证板书的质量。

3. 板书的结构布局

板书布局是指各部分板书在黑板上的空间排列，以及与教学挂图、幻灯屏幕、小黑板、电视机等的合理对应。教师在备课的时候应将各部分内容在黑板上的位置事先安排好。

板书的结构取决于所学内容的知识结构、学生的认知水平及教学过程的安排，但各个重点、难点、知识点之间的关系要一目了然。板书结构还要体现各部分的关系，如从属关系、并列关系、因果关系及递进关系等。板书要体现学生的认知过程，讲究先后次序，哪些内容写在前面为后面的知识做铺垫，哪些内容写在后面呼应前面的知识，都不能随意变化。

“学案”设计

要实现素质教育的大目标，改变以教师为中心的旧的课堂教学模式，构建以学生为主体的新的课堂教学模式，作为教学最基础的工程——备课，就必须从以备课为主转变为备教、备学相结合，以备学为主。而学案设计就是这个理念的体现。

1. 学案设计的内涵

学案在目标要求、课堂角色、教学方式等方面不同于教案。教案是教师认真阅读教学大纲和教材，经过分析、加工、整理而写出的教学方案，它着眼于教师讲什么、如何讲，侧重于使学生“学会”。而学案则是在教案的基础上为培养学生学习能力而设计的一系列问题探索，由学生直接参与，并主动求知的学习方案，它着眼于调动学生学习的主动性，引导学生获取知识、培养学习能力，它侧重于使学生“会学”。学案应包含两部分内容：一是学生用的学案，它侧重于学习内容的设计；二是教师用的导案，它侧重于指导如何学，主要围绕学案中“问题讨论”或教材的重、难点进行课堂教学设计。

2. 学案设计的原则

(1) 主体性原则。

学案是教师为配合学生主动求知而设计的学习方案，所以教师在设计学案时要以学生的“学”为中心。备课时，不仅要备大纲、教材，了解教学目标，教材重、难点，知识编排设计等，更重要的是要备学案，了解学情，研究学生的认知水平和已有的知识水平，使设计的学案有较强的针对性，同时还要考虑学法指导的渗透，使学生懂得如何学。

(2) 探索性原则。

要让学生学得懂、学得有兴趣，关键在于所设计的导学问题是否有探索性，能否激发学生的求知欲望。因此，教师要依据教学目标和教学内容，依据学情，精心构建导学问题链。问题设置要科学，有启发性和趣味性，并有一定的层次和梯度，符合学生的认知规律。

（3）主导性原则。

强调学生的主体性，并不意味着教师可以“放羊”。恰恰相反，教师要立足主导地位，肩负“导演”的责任。学是主线，导是关键，备学案要在“如何导”上下功夫。

【案例】 《从百草园到三味书屋》学案设计

第一课时：学习“百草园”部分

一、学习目标

（一）理解回忆性散文的双层观照，即百草园对“儿时鲁迅”的影响和“现在鲁迅”对百草园的再认识；

（二）感受百草园“乐园”与“学园”两种特性的合一，感受童年生活的美好；

（三）体会鲁迅的语言风格。

二、学习过程

（一）导入

让我们一起来欣赏一首带给我们美好记忆的歌曲——《童年》。欣赏完了歌曲之后，你内心有什么感情要抒发吗？是呀，童年的记忆多么美好，童年的我们自由自在，无拘无束。今天，让我们一起跟随鲁迅走进他的童年，探寻他成长的足迹！现在，让我们去百草园走走看看吧！

（二）解读

1. 放读

带上一颗童心，寻找一种乐趣

（1）问题呈现：百草园曾是鲁迅儿时的乐园，那么它会是你的乐园吗？请同学们放声朗读描述“百草园”的内容，带上一颗童心，去寻找一种乐趣！

①玩乐中有乐趣；②故事中有乐趣；③实践中有乐趣。

（2）问题探究：

①鲁迅成年时对百草园的记忆是“其中似乎确凿只有一些野草”，这样的百草园怎么会是我儿时的乐园呢？

（因为对于儿时的“我”，那是一个自由的世界，是一个自由嬉戏的场所。在自由的心灵中，世界是美丽的，是魅力无穷的。百草园是孩子精神世界的乐园，不是大人的，也不是物质的。如果用大人的眼光来审视百草园，那显然它是无趣的；而鲁迅正是以孩子的视角来观察百草园的，所以字里行间才能渗透情趣。）

②将“长妈妈曾经讲给我故事听”改为“长妈妈曾经讲给我一个迷信的、可笑的故事听”，这样好吗？为什么？

（与原句比，改句完全是用大人的视角来看故事。在儿时鲁迅的心目中，根本就是很认真地把长妈妈所讲的故事当回事的。而现在尽管已经完全明了了故事的性质，但鲁迅在叙述上依旧不添加现在的看法，字里行间处处留有空白，即将整个故事还原到了原始状态，保持了童趣，凸显了幽默。）

预设追问：

a. 长妈妈为何要如此虔诚地给我讲这个“美女蛇”的故事呢？

b. 讲故事的背后隐藏的其实是长妈妈怎样的情感呢？

c. “美女蛇”的故事给儿时的鲁迅带来了什么呢？

d. 想想鲁迅当时的那些想法与举动，你内心产生的情感是怎么样的呢？

e. 鲁迅现在想起这事，内心是怀着一种怎样的情感呢？

f. 鲁迅用文字把这种情感直接表达出来了吗？那么鲁迅是以什么身份叙述这个故事的呢？

g. 长妈妈讲述的故事完全是荒唐而可笑的，儿时的鲁迅固然不知，但今天的鲁迅早已知晓。可是鲁迅始终没有对长妈妈的行为给予一句的批评，从中你能感受到鲁迅先生的为人吗？

2. 默读：带上一颗慧心，寻找一种知识

（1）问题呈现：百草园的确是鲁迅儿时的乐园，那么在成年鲁迅的眼中，他还仅仅是乐园吗？请同学们快速默读描述“百草园”的内容，带上一颗慧心，去寻找一份收获！

①自然知识；②保护意识；③生活技能。

预设追问：

a. 这么多的知识，是在什么样的心灵状态下获得的呢？

b. 由此，我们是否可以揣测鲁迅先生写此文的目的除了回忆童年乐趣，还涉及了一个什么主题呢？

（三）结束

百草园是鲁迅儿时的“乐园”，也是鲁迅在那时未曾认识到的天然的“学园”。可是鲁迅终究是要随了大人的愿，去那真正的“学园”的，那么就让我们一起在鲁迅的猜想中离开百草园，结束今天的童年之旅吧！

第七章

教学反思与“课后备课”

一个完整的备课过程，应该包括课后的教学反思。和课前的备课一样，反思也有自我反思和团队共同反思。也有人提出，其实教学反思需要贯穿于备课与上课的全过程。

叶澜教授说过，一个教师写一辈子教案不一定成为名师；如果一个教师写三年的教学反思，有可能成为名师。这句话充分反映了教学反思对于教师专业发展的重要作用。

一些教育调研显示，教师往往习惯于将课堂教学的低效归因于学生素质差、学科内容难、外部条件欠佳、配套设施不全、家庭教育失败等外部因素，而对自身素质问题往往认识不足。针对这种情况，新课程非常强调教师的教学反思，尤其是对于自身的反思。

反思是人特有的一种心智活动，也是人有意识地考察自己的行为及其情境的行为。教学反思是指教师自觉地把自己的课堂教学实践作为认识对象，进行全面而深入的冷静思考和总结，是对自己的教学行为、教学观念和教学效果的再认识、再思考，以进一步提升教师业务水平，促进学生发展的行为。教学反思作为提升教师专业素养的一种重要手段，它让教师在反思后奋进，发现问题就整改、遇到困难则深思、找到经验就升华。教学反思的真谛就在于教师要敢于怀疑自己，敢于和善于突破、超越自我，不断地向高层次迈进。

教学反思并不是必须在课后进行的，有不少教师将反思提前或贯穿在备课过程中。有一个称为“D-G-E-C”的教学反思模式可以说明这种现象。

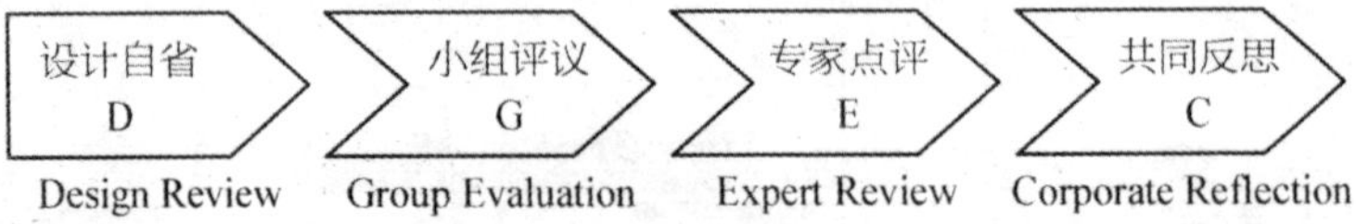

“D-G-E-C”教学反思模式

但是，应该明确，课后的反思性备课，因为已经有了系统的实践体验，对改进备课的功效可能更明显。

教学反思的动因与类型

1. 教学反思的动因

上海市黄浦区曾对中小学教师在新课程背景下的备课情况作了调

查，调查的内容与样本都较多，涉及教师备课方式、备课所花费的时间、耗时最多的备课内容、备课资源的来源、对现代信息技术的应用、备课成果的呈现形式、集体备课和个体备课的执行情况等，还特别调查了教师对备课的反思。在关于反思的调查中，教师认为备课体现新课程要求比较成功的有两点：一是对教材分析，一是教法设计；但在对学情的分析、教具的选用（含制作）、作业设计等方面，存在明显不足。

在反思基础上，教师对改进备课提出的需求与建议，归纳起来一共有 23 条，对其中特别有价值的举例如下：

（1）有统一的教材分析、统一的教学要求，让教师在此基础上结合学情适当修改；

（2）教参应明确教学内容的难易程度和学生应掌握的程度，有单元目标中的重点、难点，能够按新课程三维目标来写每一课的教学目标，便于教师联系学情来制订有效教学目标；

（3）有足够的在校备课时间，增加集体备课的时间；

（4）提供备课资料（包括文字的和音像的），如优秀的教学设计、教学录像等，使教师有更多时间去考虑学情和课后反思；

（5）加强校际备课，尤其是对一些周课时数少、本校教师少的学科；

（6）加强备课活动的目的性、针对性、计划性、有效性，制订好备课计划，设计好每一次活动的内容，做好活动记录，反思落实情况，做到专题化、主题化、系列化、规范化。

该项调查经过认真总结反思，提出了改进备课需要理清和处理好的七对关系：

一是个体备课和集体备课：提倡在个体备课基础上的集体研讨和智慧共享；集体备课的形式需要校本的，也需要跨校的。

二是课程标准和学生实际：课程标准需要进一步细化，尤其是对教学要求、重点难点的明确，有这个基础，再结合学情，教学目标才有效。

三是电子教案和手写教案：希望以电子教案为主体，可以在以往电子教案的基础上，结合当前的学情修改，减少重复劳动，在对学情的分析上多花一点时间。

四是统一格式和自由格式：希望有统一格式的要求，但这不是机械的统一要求，要允许并鼓励教师彰显个性，形成自己的风格。

五是借鉴课件和自制课件：这两种资源都有实践的价值和需要，关键在于学生的基础，以及教师本人的特长，最好在资源共享的基础上，自主开发。

六是备课预设和课堂实际：备课应该是一个动态的过程，包括课前、课中和课后。所以提倡在教案基础上教学，在教学过程中优化教案。

七是专家引领和同伴互助：希望有教研员、学科带头人和骨干教师参与备课组活动，并发挥每一个教师在备课中的智慧与积极性。

这些关于改进备课的调查结果和反思建议，对教学反思是有一定指导价值的。

2. 教学反思的类型

按照教育教学的先后顺序，可以将教学反思大致分为：

(1) 教学前反思：教师在进行教学之前，结合以往的教学经验，对教学内容再次梳理，使教学成为一种自觉地实践的过程；

(2) 教学中反思：教师在进行课堂教学阶段，对某些教学现象、教学环节及时敏锐地剖析，确保高质量、高效率地进行；

(3) 教学后反思：教师对整个教学阶段的总体回顾，带有批判和总结性质，取长补短。

从教学反思间隔时间的长短来看，可以将教学反思分为：

(1) 课后反思：一节课下来就总结思考，写好课后心得或教学日记，这对新教师非常重要；

(2) 周后反思或单元反思：即教师一周教学下来或一个单元讲完后进行反思，发现问题及时纠正；

(3) 期中/期终反思：即通常的期中/期终质量分析，这是相对比较完整、全面的分析。根据期中/期终考试情况，通过召开学生座谈会，听取家长意见，从而进行完整的整合思考；也可以以一个学期、一个学年或一届教学为周期进行宏观反思。

教学反思的内容

反思什么？一般来说，教学反思可以就以下内容进行记录、思考：

1. 教学过程中的优点

(1) 三维目标的达成度与有效途径；

（2）教学过程中达到预先设计的教学目的、引起师生积极互动的有效途径；

（3）课堂教学中临时应变得当的措施与方法；

（4）突出重点，分解教学难点的方法；

（5）设计合理、条理分明的板书；

（6）某些教学思想方法的渗透与应用的过程；

（7）教育学、心理学中一些基本原理使用的感触；

（8）教学方法上的改革与创新；

（9）反思学生在交流研讨时需要点拨之处和点拨的时机；

……

当然并不是所有学科、每节课都要反思记录。教师只有做个有心人，经常记录这些成功的经验，并应用到今后的教学中，才能推陈出新，不断进步，教学才能趋于完美。

2. 教学中的不足和失败之处

即使是一个教学经验非常丰富的教师，在一节课上或某些环节上也会出现这样或那样的不足，教师可以认真冷静地对这些过程进行剖析，回顾并探究解决问题的方法，以便在今后教学中加以改进，这对教师积累深层次的经验，大有益处。

3. 教学机智

课堂教学中，随着教学内容的展开，师生的思维发展及情感交流的相互汇合，往往会因为一些偶发事件而产生瞬间灵感，这些“智慧的火花”常常是无法预料、突然而至的，若不及时利用课后反思去捕捉，便会因时过境迁而烟消云散，令人遗憾不已。

4. 学生的独特发现

教学反思不应该仅仅停留在教学内容的处理和教学方法的优化上，教师应该时刻关注自己的教育对象——学生。教师通过教学，会发现某些学生身上有着自己以前所不知道的独特的兴趣爱好和特长、闪光点、思维特点等，对于这些，教师也应该进行记录，并作为今后因材施教的基点。

教师应当充分肯定学生在课堂上提出的一些独特的见解，这样不仅使学生的好方法、好思路得以推广，而且对学生也是一种赞赏和激励。同时，这些难能可贵的见解也是对课堂教学的补充与完善，可以拓宽教师的教学思路，提高教学水平。因此，将其记录下来，可以作为今后教学的资源。

某区对教学反思的指标、指向

反思项目	反思指标内容	反思价值体现
教学目标反思	学科核心任务（本意性特征）； 教学目标与主要取向； 课程适应学习主体； 促进学习主体的主动发展。	对学科教学目标的深入理解，为今后教学目标的制订积累经验。
教学内容反思	对内容整体的价值认识与把握； 内容的选择、调整建构与主要指向； 超越教材的教学资源把握； 内容组织处理与落实。	考查对教学内容的整体理解，总结有效开发利用教学资源的经验。
教学过程与方法反思	学科主要学习方法的把握与运用； 学习过程要素及组织（主体的实践性与状态、认知的逻辑性与效能）； 评价的运用与对学习的促进； 教学手段的运用（现代媒体技术）。	对教学流程的设计、教学手段的运用等反思，有利于今后教学设计的提升。
教学效果反思	学习认知任务的有效、高效完成； 学习心理与经验水平的提高； 全员学习效益。	对预设与生成之间关系的新认识。
教师素养反思	学习指导（教学环节与过程的调控、目标落实等）；教学基本功（教态、语言、板书、工具操作）。	便于扬长避短，发挥教师的优势。

教学反思的基本途径与策略

1. 研冤式反思法

教学反思注重对原有经验的批判性反思，这样才能不断体现教育创新。但是，教学是一种复杂的社会活动，对教学行为和教学经验的反思需要根据一定的理论而进行。因此，对有关教育教学理论、学习心理等的系统学习和思考是教师进行有效反思的前提，也是教学反思的一个基本策略。

在理论的指导下，教师的教学实践水平才能不断提高，同时对理论的思考也有助于教师将外部教育教学理论积极转化为现实的教学实践。

教学反思有利于消解理论与实践之间的对立，教师既是教学实践的主体，又要对教学理论的发展提供案例和经验总结。而教学的反思也可能弥补现有教学理论的不足，从而完善现有的理论。

2. 自我提问反思法

教师要养成在对自己的教学进行自我观察、自我监控、自我调节、自我评价后提出一系列的问题的习惯。这种方法适用于教学的全过程。如设计教学方案时，可自我提问："学生已有哪些生活经验和知识储备"，"怎样依据有关理论和学生实际设计易于调动学生的教学方案"，"学生在接受新知识时会出现哪些情况"，"出现这些情况后如何处理"等。备课时，尽管教师会预备好各种不同的教学方案，但在实际教学中，还是会遇到一些意想不到的问题，如学生不能在计划时间内回答完问题，师生之间、生生之间出现理解分歧等。这时，教师要根据学生的反馈信息，思考"为什么会出现这样的问题，如何调整教学计划，怎样的策略与措施更有效"，从而顺着学生的思路组织教学，确保教学过程沿着最佳的轨道运行。教学后，教师可以这样自我提问："我的教学是有效的吗"，"教学中是否出现了令自己惊喜的亮点环节，这个亮点环节产生的原因是什么"，"哪些方面还可以进一步改进"，"我从中学会了什么"等。

3. 观摩与研讨

"他山之石，可以攻玉"，教师应多观摩其他教师的课，并与他们进行对话交流。观摩与讨论的目的在于通过同事之间的相互观察、切磋、讨论和批判性的对话来提高教学水平。因为教学反思如果仅仅局限于教师个人行为，必定受到教师个人视野和思维惯性的局限而难以发现问题，但通过和同事、专家的相互观摩研讨，就可以为教师的教学反思提供新的思路与经验借鉴，发现新的问题。教师教学行为的转变与改进必须借助于同事和专家的帮助，集体的智慧是教师成长的源泉。在观摩中，教师应分析：其他教师是怎样组织课堂教学的？他们为什么这样组织课堂教学？我上这一课时，是如何组织课堂教学的？我的课堂教学环节和教学效果与他们相比，有什么不同，有什么相同？从他们的教学中我得到了哪些启发？如果我以后上这一课时，会如何处理？……通过这样的反思分析，从他人的教学中得到启发，得到提高。

教学反思需要跳出自我，反思自我。这就要求教师要经常地开展听课交流，研究别人的教学长处，尤其是要研究优秀教师、特级教师的教学思想。当然教师也可以主动请别人观摩、讨论自己的课。通过各种观摩学习与研讨，找出理念上的差距、解析手段和方法上的差异，从而提升自己。

4. 体验与撰写反思日记

为了更清楚地理解自己的教学行为和工作环境，教师需要对自己的教学行为自觉地体验与反省。众所周知，专业知识是建立在专业经验的基础之上的，这需要不断地积累、总结与反思。

前文对教师需要反思的几方面内容已经作了分析，教师可以通过撰写日记的形式对这些方面进行教学反思，积累经验。譬如可以将自己的教学反思日记按照时间记录，也可以按照内容的划分记录，如："经验篇"、"问题篇"、"探讨篇"、"学生篇"、"优秀教学设计篇"、"案例集锦"等。

5. 案例研究法

教师可通过阅读、课堂观察、调查和访谈等途径收集典型的教学案例，然后对案例作多角度、全方位的解读。教师既可以对课堂教学行为做出技术分析，也可以围绕案例中体现的教学策略、教学理念进行研讨，还可以就其中涉及的教学理论问题进行阐释。如发表于《中小学管理》2005 年第 1 期上的《一次失败的集体备课》，就是一个用案例分析法对一次集体备课行为的失败原因进行多角度、全方位反思解读的典型案例。

对教学反思的反思

教学反思的重要性不言而喻，但是在实践中却产生了很多误区。主要表现为：一些教师写教学反思像记流水账一样，只是对自己的教学过程进行一些简单的描述，再加上一些泛泛而谈的教学评论，缺乏对教学现象和教学本质的深度思考，因而成效并不大。更有甚者，干脆"保持沉默"。造成教学反思浅层化或沉默化的原因有三：一是反思态度不够严肃。为了应付检查，浅尝辄止，泛泛而谈，缺乏针对性。二是缺乏正确的理念引领。教学反思应该受正确的价值观的指导，要解决反思什么的问题。三是不敢反思或不愿反思。一些老师总认为反思是一个浸润了浓厚科学气息的名词，非常人所能说清道明的，自己的一点感想，说出来怕贻笑大方，不说也罢。也有教师认为自己完成教学工作就已经耗费了大量的时间和精力，甚至还会透支，好不容易有了一点自由，还不轻松一下，何苦给自己加压呢？

于是教师的教学反思只不过是应付学校检查，甚至还有的是从网上下载来的；备课笔记中的教后小记只是大而化之、不痛不痒的文字，没有实质性的内容。试想，类似的反思又怎能促进教师的专业发展、改进我们的教育教学实践？

当前，教师教育教学反思主要存在以下问题：

（1）反思重数量不重质量；

（2）反思缺少深度和思想；

（3）反思没有理论的支撑；

（4）反思没有和实践结合；

（5）反思缺乏恒心与持久；

（6）反思没有专业的方向。

课后备课与教学有效性

教学过程实际上是对教学设计的一次检验与评价。教师可以反思教学目标是否恰当，课堂内容量的安排是否合适，活动的设计效果是否明显，学习训练的设置是否有层次感、有梯度，知识点上有什么发现，组织教学方面有何新招，解题的诸多误区有无突破，启迪是否得当，训练是否到位等等。及时记下这些方面的得失，并进行必要的归类与取舍，考虑一下再教这部分内容时应该如何做，反思原先的备课内容，进行教学的“再备课”，即所谓的“课后备课”。这样可以做到扬长避短、精益求精，提高教学效益，把自己的教学水平提高到一个新的境界和高度。

当然对于不同学科，反思的内容应该更加有针对性。例如小学科学课建议还要从以下几个方面进行反思：

（1）实验材料的准备是否科学、有效、充分。

（2）教学中学生的“奇思妙想”，发现学生思维、活动中的闪光点或备课中设计不到位的地方。

【案例】 对教学方法的反思

在做“纸团不湿”实验时，通过对学生活动的观察，发现了教师在教学设计时考虑不周的地方。比如：有部分学生在做实验时，从水槽里拿起杯子后马上就把杯子倒过来，造成杯子边沿少量的水流入杯中，使纸团上沾了少量的水，使学生产生会有少量水进入杯子的误解。

（3）处理教材的心得。

（4）教学中学生提出的非预设的科学问题与意外的科学实验现象。

【案例】 对学习方法指导的反思

如，《液体的热胀冷缩》实验课上，学生用插了吸管、装满“红水”的塑料小药瓶做实验。往水槽里倒进热水后，学生们都观察得相当仔细，看得我心里暗暗高兴。“老师，吸管里的水柱下降啦！”“我们的也下降啦。”不会吧？我半信半疑地凑过去看个究竟。啊，果然水柱在下降呢，这是怎么回事？很快我想到了其中的原因，稳定了自己的情绪。“大家观察得真仔细，请继续观察，看看呆会儿还会有什么现象发生？”“水柱又上升了！”紧接着学生们又像发现新大陆般地叫起来。在往水槽里加冷水后，学生观察得更细致了，他们发现水柱先是上升的，后来才会下降。说实话，在备课时，我想当然地认为往水槽里加热水后水柱只会上升，加冷水后水柱只会下降，可压根儿就没有想到会出现这样复杂的情况。我接着请学生汇报观察到的现象，分析了其中的原因，让学生在明白液体具有热胀冷缩性质的同时，也为学生理解固体的热胀冷缩做了准备。这意外出现的现象，在课堂上成了极好的教学资源。感谢这些可爱的孩子们！他们教了我一招：凡事不能想当然，任何实验都要自己先做过，那样才会对各种可能出现的情况做到心中有数，然后在此基础上思考提高科学课教学有效性的办法。

——姜红方：《在反思中成长》

教学反思应成为教师的一种存在方式和专业生活方式。教学反思是一种有益的思维活动和再学习活动。一个优秀教师的成长过程离不开不断地教学反思这一重要环节。教学反思可以进一步地激发教师终身学习的自觉冲动，在不断的反思中不断地发现困惑，“教然后知困”，不断发现一个个“陌生的我”，从而促使自己拜师求教，书海寻宝。教学反思可以激活教师的教学智慧，探索教材内容的崭新表达方式，构建师生互动机制及学生学习的新方式。

第八章

备课质量的评价

课堂教学是一个有目标有计划的系统工程，备课是这个系统工程的具体体现。对这一系统工程进行评价管理，就是针对各个教学环节的目标达成加强管理。建立科学合理的评价体系，能够使教师明确专业发展方向，调动工作积极性，取得应有的效果。

备课质量是指教师的备课行为和备课结果与规范要求的符合程度。备课质量需用一定的指标和标准来衡量。备课质量评价就是指这种“衡量”的工作，或者说，核心是对该质量的价值判断。但是，按照现代评价理论，其意义、功能和具体内容大大超出“衡量”的本身含义。

备课质量评价主要应该包括如下几个方面的工作：在一定评价思想指导下，确定评价的指标与标准；收集评价的相关信息；设计评价的实施方法与环节流程；实施评价判断并分析评价的结果；对评价资源进行开发利用等。

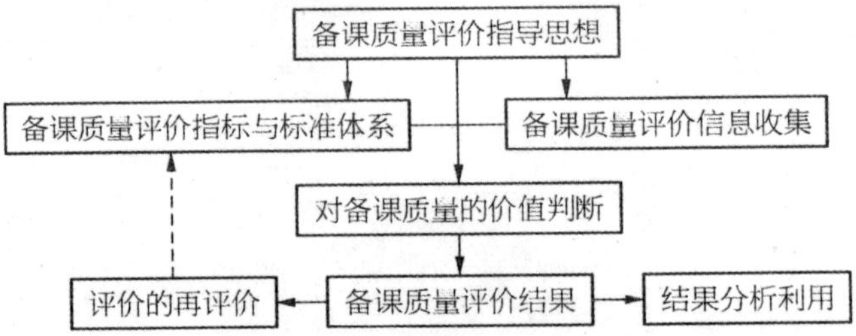

备课评价系统的基本工作要素

备课质量评价的意义与原则

对备课的质量评价是教学业务管理的组成部分，也是在一定程度上导向教师专业发展的重要平台。所以，实施备课评价的本质意义在于促进教师专业发展，以实现教学的有效性。而评价的原则就在于保障其有效性导向价值的实现。

1. 备课质量评价的意义与价值

根据现代评价理念，以评价的指标和标准为标杆，被评价者经过不断努力，向这个标杆逼近，实现评价的目标，是评价的核心内涵，也是其最主要的意义和价值。对备课质量的评价同样具有这样的意义和价值。

备课评价意义，可以体现如下几个促进。一是促进有效教学：对备课质量的考察，可以体现对教学实践科学性与可行性的预测，提高教学的有效性；二是促进教师教学反思：让教师在参与评价和解读评价意见（建议）过程中反思自己的备课行为和教学设计，使教学能力得到一定提升；三是促进备课要求的规范化：在听取各种评价意见或建议的基础上，优化备课的标准体系，规范备课行为；四是促进校本教研的有效开展：使备课评价成为校本教研的一个制度，同时也使校本教研能够结合当前的教学主要问题来进行，体现校本教研的有效性。

当然，备课是一项系统工作，对备课既有通识意义上的要求，也有一定学科与教师个性和重点要求。对备课质量评价的改进，就是要在继承的基础上根据课程改革有所发展，体现与时俱进。在学校层面上，传统的备课评价，对每个教师、每门课程的备课要求注重了通识性，主要围绕“教学基本环节”，包括“教学目标”、“重点难点”、“教具准备”、“新课导入”、“教学过程”、“教学小结”、“作业布置”等，对每一项提出共同的要求。但这样还不够，过于机械化，还需要针对学科的特点，鼓励不同教师的创造性。只有这样，才能实现备课评价的意义和价值。

所以，这里所说的备课评价的意义与价值，实质是对上课的最终结果而言，就是所期望产生的效益，主要包括课堂教学的有效性、教师专业发展的有效性和校本教研的有效性。

2. 备课质量评价的原则与指导思想

备课质量的评价，应该基于现代教育评价理论的新发展。大体而言，以下几个基本原则有必要在实施评价时遵循：

（1）增值性原则。传统评价往往局限于对评价对象的结果予以判断与赋值；而现代教育评价理论将评价的最终目的定在促使评价对象逼近目标的发展状况上，主张评价与指导相结合，通过客观评价、诊断现状与目标的差距，指导评价对象寻找问题症结，落实改进与发展措施，从而实现评价本身的增值性。

（2）全员参与原则。现代教育评价理论特别强调评价是开放过程，是由评价者和被评价者共同参与并完成的。这是因为，一方面，被评价者是局内人，对评价对象、内容最熟悉，最有发言权，所以他们既是被评价者，也应该是评价者；另一方面，被评价者参与评价可以克服许多心理障碍，避免产生负面效应。所以这个原则最主要强调被评价者对评价的参与。

(3) 模糊性原则。这个原则有两个背景：首先，评价需要有一定的指标与标准，但包括备课质量在内的这样的评价对象，其指标设计和标准制订无法实现统一，只能根据一定的价值观来作规定，尽管有量化的分值与不同的权重，但本质还是模糊的。其二，评价结果的表述，既有定量的数据，也有定性描述的语言，像备课质量这种评价，更应该是这样的，这就是模糊性原则的基本涵义。

(4) 形成性原则。现代教育评价理论十分看重结果的形成过程，主张从分析的、静态的评价转向综合的、动态的评价。将评价渗透到评价对象活动的全过程和全方位，不仅所获得的评价信息会因此相对完整些，而且还容易实现两者的同步发展，有及时诊断、研究、指导的时空，容易实现评价增值。同时，评价本身也是一个发展、改进的过程，对事物的价值判断需要有个积累的基础。所以，可以说，形成性原则反映的是评价的本质特征。

(5) 激励性原则。备课质量评价作为教育评价的一个组成，对其进行价值判断，需要使被评价者了解所取得的成绩，有什么贡献，明确还存在什么不足，应该作哪些努力，就可以使被评价者思考如何做改进才能更有价值。这样的评价具有导向作用，促使被评价者站在更高的层次，实现评价的增值性。

根据这些原则，可以得出一些实施备课质量评价的指导思想。如：

(1) 要有明确和有针对性的备课目标。

高质量的有效备课是为了课堂的有效教学，而有效教学的依据是课程标准。所以，教师备课的现实目标就是达到课程标准的要求。比如：教师的备课有效目标必须要注重学生能力的培养，同时还要强调师生双边或多边的活动。

(2) 要有切合实际的备课方式。

从新课程的要求出发，备课形式应该是丰富多彩、灵活多样的。要因课程内容、教师能力水平的不同而异。如：实践活动类型的课程，应该以场所、器材、学具及活动的组织安排等准备为备课形式；而自然实验类课程应着重花功夫做好实验的物质准备、分组安排等。这些要求即使不写在备课教案上，也要在备课活动中体现。又如：有平行班级的备课，应大力提倡"集体备课"的方式；而对教龄长、经验丰富、素质高的教师还应提倡在书上"点划批注"，让他们在分析与研究教材方面对年轻教师起到示范作用。

（3）要有能促进教师专业发展的备课过程。

根据新课程开放性和选择性的一些特点，备课评价还应该考察是否符合学科特点和教师特色。要有利于教师的专业提高和学生的发展，备课时就要注意发挥教师的个性特长，使所教课程具有教师的风格；同样，还需要兼顾不同学生的特性，注意在适应学生差异性上留有余地。当然，这些要求还要与学科的特点相联系。

（4）要有提高备课质量的研究机制。

以往多数学校把教学研究的重点放在“课堂教学及其评价上”，而对备课的研究却相对忽视了。其实，“备课”不仅是教学的重要环节之一，是教师上好课的关键所在，更是有效教学的基础。应该多花些力气在研究备课上，以产生出“事半功倍”的效果。在新课程的推广中，关于备课的研究应该是比教学其他环节的研究更为重要。但就新课程实施层面上的备课问题，还需要通过评价列出研究课题，建立一种可持续改进的机制。

目前，许多学校和教师都在探索符合新课程要求的“有效备课”操作形式，并提出了一些有推广价值的建议。如下面的案例，就是某学校关于评价并优化备课行为的新要求。

【案例】 某校对备课质量的若干评价要求

一、尊重学生

1. 尊重学生，不仅指尊重学生人格，还包括教学中必须真正还学生主体地位，以学生的发展为本，突出学生在探索知识的过程中的主体角色，教师是导引者、组织者，是学生学习活动的促进者；

2. 教师必须充分了解学生的思维现状，掌握学生的思维特征和规律，寻找教学的最佳切入点和结合点；

3. 教师必须了解学生的困惑与需求，寻找最近发展区，加强教学设计的启发性和针对性。

二、鼓励交流

交流是一种意识，也是一种综合能力。

1. 必须让学生有发表意见、有表述自己观点的时间和空间，即学生充分享有发言权；

2. 教师应该引导学生合乎逻辑、简明扼要地表述自己的观点；

3. 教师应该培养学生倾听他人意见的意识。

三、服从理性

以理服人是服从理性的最朴素思想。

1. 教师应该在教学中引导学生遵循逻辑思维的基本规则和方法；

2. 结合学科特点，教师应该渗透科学认识论和方法论的思想；

3. 在教学过程中，教师应该通过归因析理，培养学生规范、科学地解决学科问题的能力。

四、思维开放

包括过程开放、问题开放、方法手段开放。

1. 过程开放，即教师应引导学生参与知识或问题的形成、提出、抽象概括及应用全过程；

2. 问题开放，即设计开放式的问题情景，引导学生逐步掌握研究开放式问题的一般方法和程序；

3. 方法手段开放，即根据具体的思维情景（课题）或实际问题，鼓励学生探究，引导学生自己设计解决问题的方案，倡导利用网络资源等现代技术手段搜集信息、筛选信息、分析整理，并对自己探究的结果不断修正。

五、强化体验

有效学习必须通过学生的内在思维进行。

1. 教师应该以自己的情感体验驱动学生的情感体验；

2. 教师应当激励学生积极主动领悟，增强感悟能力；

3. 教师应探索通过归纳总结引导学生积累认知经验，形成解决问题的策略知识。

六、效益优化

学习必须讲究方法，教学必须追求效益。

无论课内课外，教师应该将效益意识内化为自觉行为，力求占学生时间短，但对学生影响深，使学生收益大，有利于学生继续学习和发展。

备课评价的指标与标准

建立一套符合新课程要求的新的备课评价指标和标准，是促进教师实施有效备课的关键。按照课程改革对课堂教学的新要求，教师的备课评价应该体现学科特点、教师特色，要有利于教师的提高，有利于学生的发展。无论是哪一门课，无论是老教师，还是年轻教师，只要能按这个总要求去备课，就都是好的备课。

备课质量的评价指标要求

一次好的备课，应从哪些方面去考察？这就是指备课质量评价的指标设计问题。对备课质量的评价指标，首先是事关教学要求的指标，而对备课态度、方式、过程等实践评价指标，则主要还是通过分析反思来体现，对此本章将在“评价内容”一节中有所涉及。以下主要就基于教学环节的备课评价指标进行讨论。

备课质量的评价指标，一般可以分2—3个指标层次来讨论。下面所列出的一级指标有六个，每个一级指标下都含有若干个二级指标，各指标的基本解释如下：

1. 教学思想

（1）学科育人功能（结合学科特点的德育功能发挥方面）；

（2）响应新课程理念（注意创新精神、实践能力培养等方面）；

（3）关注学生差异（体现因材施教，关注各类学生都能在原有基础上的发展方面）；

（4）国际化视野（全球观、科学发展观，整合各流派之长等方面）。

2. 教学目标

（1）三维目标有机整合（注意知识技能、过程方法、情感态度等均衡发展方面）；

（2）符合学生基础（注意根据学生各方面的基础，体现目标适切性方面）；

（3）符合学科规律（反映学科特点的明确性，体现学科思想和方法等方面）。

3. 教学内容

（1）明确内容的教育价值（能准确地反映教学内容对学生的教育价值等方面）；

（2）教材处理得当（对教材结构分析、加工、整理，详略和衔接处理合理等方面）；

（3）重点突出得当（关注内容的重点，揭示内容最本质的方面）；

（4）补充资料得当（针对教材内容联系学生生活经验的材料补充有效性方面）。

4. 教学环节

（1）教学环节的齐全性（主要教学环节都有反映，组合的合理程度等方面）；

（2）教学环节的流畅性（注意教学环节之间的自然过程，整体过程流畅性等方面）；

（3）教学环节的时空分配（落实相关教学环节的时间、空间安排的科学合理性等方面）。

5. 教学方法

（1）指导学生学习方法（符合学生认知规律，注意循序渐进，重点完善学法指导，促进能力发展方面）；

（2）启发性（有效提问和注意引导讨论，启发学生积极思维，激发学生学习兴趣和学习动力，引导学生主动学习、探索、创新、实践等方面）；

（3）学习情境的创设（运用信息技术、实物演示等引导教学互动、探究体验；允许学生有异议、“走弯路”、“有错误”等方面）；

（4）体现理论联系实际（注意引进课外、校外的社会实际深化对知识点理解方面）；

（5）适应学生的教学机智（注意为不同学生的学习特点留有一定余地，注意让学生愉快、轻松、有序、和谐地学习；注意方法运用自如、灵活多样、形式多变等方面）。

6. 作业巩固

（1）对已完成作业的评价（反映学生已经完成作业的讲评与辅导方面）；

（2）作业设计符合培养目标（注意引导学生探究、选择、合作、实践等方面）；

（3）难度、数量对学生的适切性（注意体现“减负增效”等要求方面）。

至于有关备课的过程评价指标，比如对课程、教材的研究与分析，对学生基础水平以及差异情况的分析等未涵括进来。但对这些情况的评价，人们感到指标不一定能够完整或客观地加以反映，似乎运用“档案袋”评价，由被评价者自主选择可供说明的材料，更加可信些。所以在这里，对其相关指标的设计从略。

备课质量评价的标准体系

在一般情况下，评价的标准是针对相应的指标来制订的。这样的标准是按指标分列，是关注细节的评价标准。为了便于评价的实施，标准还需要考虑分等第来制订，如：一等（或优秀）的标准、二等（良好）的标准等等，以便在具体评价的实施中可以有所对照，也容易转化为评价的工具，并给出相应的数值。

在制订备课质量评价标准的分等时，要参照一般的评价经验，采取“偶数分等法”，而不是采用“奇数分等法”，这样可以在评价时避免在奇数间选择中间等第的“趋中心理”：大家选择中间的评价值，产生很小甚至没有区分度的数据。所以“偶数分等法”可以提高评价结果的有效度。下面的一个标准，虽然没有分指标来表述，但确是按照“偶数分等法”制订的一个案例。

备课（教案）质量评价标准

优秀	良好	一般	较差
目标明确；重点突出，难点突破，内容翔实，教法新颖，学法有方，问题启发，注重互动，环节齐全，思路清晰，教案规范，书写认真，练习科学，板书合理，反思有效，经验丰富，提前备课，留有余地。	目标明确；重点突出，难点突破，内容翔实，教法得体，学法有方，环节齐全，思路清晰，教案规范，书写认真，练习科学，板书合理，提前备课，留有余地。	目标明确；重点突出，内容合适，环节齐全，方法尚可，教案合格，书写一般，练习偏少，注意板书，提前备课。	目标不全；重点指出，内容稍乱，纷乱无方，环节不全，思路不清，教案简单，书写一般，无提前量。

在制订标准时，还可以简化，只制订“优秀”和“中等”两个标准，“良好”和“差等”的标准，由这两个标准用于实施时推理派生。下面的一个案例，就是按这个思路制订的。

某校关于备课评价的标准系统

教学环节	观察点	权重	等级标准		评价等级
			A	C	
1. 内容	1.1 钻研教学大纲	5	掌握所授课程在本专业人才培养过程中的地位和作用，理解本门课程与其他课程的相互关系；钻研吃透教学大纲精神，明确本课程的教学目的、任务和“三基”内容与要求，掌握本课程内容的深度、广度及要点、重点、难点、疑点和弱点。	了解所授课程在本专业人才培养过程中的地位作用，了解本门课程与其他课程的相互关系；基本明确本课程教学目的、任务和“三基”内容与要求，基本掌握本课程内容的深度、广度及要点、重点、难点。	
	1.2 钻研教材	15	清楚与本课程有关的“已学课程”和“后续课程”的内容及相关知识点，钻研透本教材的知识结构，弄清教材的重点章节和各章节的重点、难点，对插图的构思及意义、练习的安排与解答等了如指掌，并有针对性地适度拓展备课内容；能够深入挖掘教材中有利于学生能力培养和思想提高的潜在因素，寓于讲稿之中。	了解本课程教学内容与已学课程的关系，基本清楚本教材的知识结构，明确教材的重点章节和各章节的重点、难点，对插图的构思及意义、练习的安排与解答等做到心中有数。	
	1.3 准备教学资料	5	能够广泛阅读有关教学参考资料，并能结合教材的不足给学生推荐学习参考书，能够针对所授课程的内容，广泛搜集典型案例，并融入教学内容之中。	能够阅读有关教学参考资料，向学生推荐学习参考书，能够针对所授课程的内容，寻找典型案例，准备用于教学。	

教学环节	观察点	权重	等级标准		评价等级
			A	C	
2. 学生	2.1 学生知识基础	5	了解所授对象的生源构成，清楚学生的文化基础和已学课程情况，研究学生的知识水平现状。	基本了解所授对象的文化基础和已学课程情况。	
	2.2 学生学习能力	5	了解学生的思想情况、品德意志、学习态度和思维方式，了解学生自习情况和学习习惯，掌握学生在学习方面的个体差异。	基本了解学生的思想情况、学习态度和思维方式，了解学生自习情况和学习习惯。	
	2.3 学生学习要求	5	针对本课程，收集学生在学习上的疑点、难点和对教学的意见等，能根据所获得的信息，及时恰当地设计或修订教学方案。	了解学生的学习要求，并在教学方案设计中有所体现。	
3. 方法	3.1 讲授次序	2	备课时能够根据学生的认知特点，根据由浅入深、由近及远、从具体到抽象、循序渐进的教学原则来编写教案，对导入新课、讲授、复习巩固、小结等过程设计合理。	备课中能够根据教学的基本规律研究如何导入新课、讲授、复习巩固、小结等过程。	
	3.2 讲课重点	8	能够针对课程特点，在备课中注意突出重点，化解难点，抓住关键，处理弱点（易混、易错内容），能够科学合理地安排教学内容。	能够从本课程要求出发，注意突出重点，化解难点；能够合理地安排教学内容。	
	3.3 教学方法	10	对于学生在学习过程中易混淆、易差错或易疏忽的问题，能采取设问、质疑、比较、讨论等方法搞清楚；能够采用讲授与自学、讨论与交流、指导与研究、理论学习与案例分析、理论学习与实践实习相结合的教学方法，注意因材施教和个性化教学，强化学生的学习动机。	能基本克服“满堂灌”的现象，采用某些启发式的教学方法，并注意到因材施教。	

教学环节	观察点	权重	等级标准		评价等级
			A	C	
3. 方法	3.4 教学手段	5	根据学科专业特点积极采用现代化教学手段进行教学，有自主开发的教育软件或CAI课件，不断更新教学手段。	部分章节能够采用现代教育技术进行教学，注意教学手段的改进。	
4. 结构	4.1 教学步骤	3	能够结合讲授内容合理安排教学步骤，对学生预习、导入新课、讲授新课、复习巩固、课末小结等有精心的构思，做到有条不紊、环环相扣、严谨有序。	有关学生预习、导入新课、讲授新课、复习巩固、课末小结等过程基本完整。	
	4.2 时间分配	5	能够根据不同内容、不同要求及重要性，科学划分教学时数，同时结合讲授内容合理安排每次课的时间进程，做到内容紧凑，时间分配科学，留有余地。	各章节教学学时安排合理，每次课教学内容适当。	
	4.3 教学组织	8	精心设计教学环节，师生双边活动安排适当。能够采用班级授课、小组讨论、实地考察参观等多种教学组织形式。	能有效设计教学环节，教学组织形式合理。	
	4.4 板书设计	4	有详细的板书设计，图表交代清楚，投影、幻灯等手段交互应用科学可行，布局合理、富于启发，充分显示重点内容。	有的板书设计，布局合理，条理比较清楚，重点内容容易得到体现。	

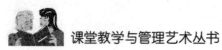

教学环节	观察点	权重	等级标准		评价等级
			A	C	
5. 教具	5.1 教具器材	5	熟悉常用教具器材的功能和使用方法，教案设计中明确上课演示要用到的教具和器材名称。	备课中列出了各章节教学中要用到的教具和器材。	
	5.2 案例资料	8	针对专业课程教学需要，对典型案例资料进行梳理，其资料的引用和介绍写入教案，做到安排紧凑，突出实效。	对典型案例资料进行一般性的梳理，教案中有文字说明。	
	5.3 实验试做	2	课前对演示性实验应亲自试做，对试做中出现的问题要有原因分析和处置方法，精心设计实验程序。	对不太熟悉的实验进行试做。	
6. 进度	6.1 教学进度表	2	认真编写教学进度表，表中各项目完整，说明清楚，理论教学、辅助教学（实验、操作、讨论、习题）等环节科学安排；教学进度表在学期第一周编制完成，经教研室主任和教学单位教学负责人审核后及时上报。	表中各项目完整、清楚，理论教学、辅助教学（实验、操作、讨论、参观、习题课等）等环节安排比较恰当，能按时上交教学进度表。	
	6.2 教案	3	课堂教学目标明确，安排教学内容详细，重点突出，各项目填写规范、内容完整、整体和谐。教案按规定要求分章节编写，在讲课前已全部完成。	课堂教学目标比较明确，重点突出；各项目填写较规范；教案按规定要求分章节编写，并在讲课前完成。	
	满分共计（分）	100			

使用说明：对教师的备课质量进行评价，等级分为A、B、C、D四档。按《备课环节质量标准》中A、C的标准，低于A高于C为B，低于C为D，打出评价项目的得分。评价总分 $S=\sum$（评价分值×等级系数），等级系数：A=1.00、B=0.75、C=0.5、D=0.25。

评价结果：优秀：100 > S≥85；良好：85 > S≥75；合格：75 > S≥60；不合格：S < 60。

所示的“教学环节”其实就是“一级指标”，“观察点”就是“二级指标”。加上“权重”，就可以作为评价工具实施评价了。

备课的基本评价内容

备课的哪些项目内容可以或者值得我们进行评价？大体说来，最基本的就是备课的活动和备课的成果两个方面。

1. 备课活动方式与内容——备课行为

从备课的形式上看，可以考查的备课行为有：

(1) 集体备课与个体备课。

一方面，同学科的教师可互相切磋，集思广益。可以采用集体备课和学生参与备课等形式，增强交互性；但又不能只依赖这种“集体备课”，必须是在个人认真准备的基础上，借助集体智慧，应根据自身情况、班级特点，决定对共同研究成果的取舍和运用，具有自己的特色。

(2)“抄教参”备课与“开放性”备课。

多年以来，大家已习惯于根据参考书在备课本上备课的方法，觉得这才是备课，这确实是常规的做法。但随着科技发展、时代进步，应善于依据学生情况，对教材作选择性调整，增加一些有用的内容。还要尽量多设计几套教学方案，为课堂上的灵活运用做好准备。

(3)“文本式”备课与“电子化”备课。

以个人电脑、网络技术和多媒体为标志的现代信息技术，为教学方式与教学模式的变革提供了物质基础。充分发挥信息技术的优势，为学生的学习和发展提供丰富多彩的教育环境和有力的学习工具。互联网、学校远程 IP 教育网的开通以及越来越完备的电子备课系统的出现，为备课提供了不少的便利。我们可以共享这无穷尽的备课资源，提升自己的备课水平，缩短自己的备课时间。

从备课的实践安排上看，可以考察的备课行为有：

(1) 假期备课与课前备课。

利用寒暑假时间集中、思考集中、大脑思维处于最佳状态的特点，提前备出一学期或几周的课是必要的。但上课前进行再备课，更不可少。一般说，学期前备课只能是“粗备”，那么周前备课就是“细备”，而课前备课则属“精备”。课前备课包括：重温教案、掌握动态、准备教具、考虑教法，以及充分估计课中可能出现的问题和采取的对策等。

（2）课前备课与课后备课。

多数教师只重视课前备课，而忽视讲完一节（次）课进行回顾、反思、小结的所谓课后备课。在课堂教学实施之后进行的“课后备课”，或称“教后记”，可以对课前备课与课上实践进行总结经验，吸取教训，调整修改，充实提高，能使备课——上课——再备课——再上课这一系列备课行为循环往复，备课质量螺旋上升。

从备课的内容选择上看，可以考察的备课行为有：

（1）一般备课与重点备课。

一般备课的关注范围广泛，比较全面。但也要注意抓住重点，如：重点章节与单元；主要概念、原理与规律；抓纲带目（备其“精华”、“精要”、“精辟”部分、“精练”语句等）。体现点面结合，点面相映，轻重相宜等方面。

（2）单元备课与课时备课。

单元备课可对每个单元的知识点进行合理的布局、分配。注意以通览全部教材为基础，注意其章节内部的系统性、因果性、关联性，进而进行课时备课，以使前后呼应，首尾相连，承前启后，左右配合，而不是“备一节、讲一节”“讲哪节、备哪节”“明天课、今天备”这样的孤立备课。

2. 学科教学计划——学期备课情况

要承担一门学科教学，首先必须对这一门学科的全部内容非常熟悉，还必须对本学期的教学对象熟悉。从整体上来把握本学科一个学期的教学，这就是学科学期教学计划。学科学期教学计划包括指导思想、学情分析、全册教材分析、学期教学总目标、教学进度、评价工作安排、教研专题及研究措施、教研课安排、个人业务学习安排、学科实践活动安排等。其中，指导思想、全册教材分析、学期教学总目标、教学进度、教研专题及研究措施为共性内容。学情分析、评价工作安排，教研课安排、个人业务学习安排、学科实践活动安排等为个性内容。对备课质量的评价需要关注这一情况。

这里，“学期教学总目标”应区别于教学内容或教学要求，要以学科课程标准为指南，充分考虑学生的认知水平，体现各年级段及各学科的教学特色；“全册教材分析”不仅指对教科书的分析，还应包括对必要的教辅资料进行简单介绍；“教研课”应汇报本学期教研专题进行研究的进展或成果；“学科实践活动”可结合教材中的内容适当安排，一般每学期以3—4次为宜。

将学期教学计划作为备课质量评价内容，还可以折射出教师的备课态度。有的教师不是对这学期全部教学内容都吃透后上讲台的，而是明天要讲什么内容他就去熟悉什么内容，准备多少就讲多少。不明确本节课在整个课程中占什么地位，会对以后的课程起到什么作用。这实际上是一种不负责任的态度，这样的备课，非但达不到前后贯通的效果，就连教师自己也可能讲到后面忘了前面。如果能搞清楚本门课程与其他课程的相互关系，就更好了。教师准备的教学内容是整体性的，备课才会充分。

当然，作为新教师更需要有这样的备课行为。新教师在熟悉全部教材内容的基础上，还必须认真阅读有关学科的课程标准和教学计划，这样才可以确定每个章节的学时数。一节课该有多少内容也是有科学依据的。在熟悉教材全部内容并按课程标准确定了章节的学时后，便可以开始准备每一单元或每节课的教学。

3. 教案或教学设计——单元备课档案

一般来说，在对备课质量的评价中，单元备课的成果如教案或教学设计，往往都是最重要的内容。除了日常管理性质的评价外，档案性质的教案或教学设计完整资料是评价主要的关注目标。为了便于评价的实施，这样的档案资料需要符合一定的要求，如：

教案可有详案和简案，但新教师或新开课宜用详案，符合一定条件可逐步过渡到简案。因为教案具有指导性，任课教师在授课前应熟悉并在授课中依照执行。

档案性的教案或教学设计资料主要包括：

（1）封面。应包括：学科所属、课程名称、授课的总课时（或学分）、使用时间（学年学期）、授课班级、授课教师等内容。

（2）每一单元或课时的教案（教学设计）。应有统一的格式和要求，一般应包括：授课时间，授课内容概要，教学目的要求，教学重点、难点，作业题、思考题的布置，参考书及参考资料，主要教具、教学环节学时分配等。

（3）课后反思材料。

具体的教案或教学设计内容，可参考上节“评价指标与标准”的阐述。

备课的评价方法与模式

长期以来，备课质量评价在学校往往被教学管理所取代。最初，学校检查教案，在教案本切口上盖上公章，使每一页的页边上都沾上一点红色的印泥，以此杜绝重复使用旧教案的现象。后来时代发展了，但教学管理上的观念却没有大的改变，代替盖章的措施是，发给教师统一的备课本，每学期一册。有的学校对教案的篇幅，提出平均每课时至少多少页的要求；对教案格式提出统一规定，称为“备课常规”。这些都不是真正的备课质量评价。符合现代评价理念的评价方法与模式，其精神不是在“管”，而是在“导”。以“导”为主旨的评价方式，大体有以下几种。

1. 现场调研和资料分析

深入学校现场的直接调研是评价信息最真实的方式。这种方式包括参加教研活动、听课、座谈与问卷、查看备课档案等。在考察学校教研活动的过程中，要把观察重点放在对备课的研究上，如学校教研所反映的备课思想、备课组织形式、备课的主题设计、备课活动中团队作用和个体作用的协调发挥、备课反思、备课结果的有效性和备课资源开发利用等。同时还可以考察备课制度等方面的情况。

运用听、评课方式，检查教师的备课效果，发挥听、评课对充实教师教学经验和实现有效备课的作用，也是一种可行的方式。备课是上好课的前提，通过各种形式的听课，可以有针对地检查教师的备课情况。加大听课力度，可以督促教师备好课。

关于对备课细节的情况评价，在现场开展座谈、访谈和问卷方式，同样很有效。问卷的设计应该符合如下一般要求：

一是基于持续改进理念（仅作为反思资料）；二是要通俗而简单（一看即能理解和回答）；三是一般不宜记名（增强真实性、可靠性）。下面是一个问卷的问题设计案例：

【案例】 考察备课中作业情况的调查问题设计：

自由记述形式：如“你每天完成（数学）作业的时间是多少?”、“你认为老师布置的哪类作业最难?”

排序形式：如“请对老师讲过的课按你感兴趣的高低进行排列”、“请你对做过的（物理）实验按喜欢程度进行排列”。

比较选择形式：如“从下列答案中选出你的兴趣项目（A　B　C)”、“下列学习方式中你最常用的是（A B C)”等。

资料分析即档案分析方式，就是用查阅反映学校与教师备课质量情况的相关文档的方式来进行评价。这种方式也可以不在现场进行，但在现场进行的优点在于评价者对被评价者可以主动地提出调阅更多所需要的材料档案，能够比较全面地实施备课质量的评价。

2. 指标评价与档案袋评价

最具有操作性的方式，被认为是“指标体系评价”。按照一定的评价指标，根据相应的标准来判断，再加上分值的计算、衡量，就可以得出一个评价值。有人称这是被动式的评价，而“档案袋评价”是主动式的评价，由被评价者自己将认为有代表性的材料提供给评价者。

档案袋评价最初是画家和摄影家用来汇集自己的作品，向委托人展示成果的方式。运用到教育上，档案袋评价法就是指汇集评价对象的作品样本，展示教师的备课过程表现和进步状况。其内容可以包括教材分析、教案或教学设计、教学资源（如课件等）、教具和学具、教学反思、相关作业等，以展示学校或教师备课的有关历程及结果。可见档案袋不是一个狭隘的观念，参照档案袋评价法的备课评价其实包括了一个工作进程，涵盖从起始阶段到完成阶段的整个跨度。教师往往是选择档案袋的主要决策者，这样他们就拥有了判断自己备课质量和进步的回顾、反省的过程和机会。当然档案袋内容的选择也可以由教师与学校领导共同决定。而档案中的内容并没有硬性的标准，具有极大的灵活性。关键是必须清楚建立档案袋的目的，所要面对的评价者是谁；档案袋的使用还需要一定的目的和精心设计，它不能沦为有关材料的简单累积，否则哪怕经过精心设计，其结果也未必符合档案袋评价的要求。

根据评价的需要，档案袋评价可以有不同的类型。表 8－3 提供了若干思路：

综合型的档案袋评价要素介绍

类型	内容基本构成	主要目的
理想型	备课系列成果、教研组小结、其他附件或说明。	综合评价备课质量。
最佳成果型	选择最好的备课成果，相关的成果说明、图解或电子附件等。	考察最佳备课成果。
精选型	按一定比例、栏目和覆盖面分别选择较好的备课成果。	在一定范围内评价成功的备课成果。
文件型	学期教学计划、实施进程记录、最终结果、基本经验等。	对备课制度的记实性评价。
过程型	基本同上	基本同上（重其发展）

3. 他人评价和自我评价

这是从评价的主体角度来区分的评价方式。他人评价就是在具体评价实施时将被评价者的角色界定为绝对的评价对象。如组织备课评比，以此激励教师备好课，就是他人评价的典型方式。这种方式内容包括：教案或教案集的评比，根据提供的教材现场备课质量评比，教学资源开发利用（课件设计）评比等。这种评比有助于学校形成有效备课的风气，推动教师的备课实践研究，进而促使学校教学质量的提高。

自我评价则是教师及其群体自觉的一种评价行为。如有些教师在探索“教学设计有效性的教学评价模式”（DGEC），所谓“DGEC”就是基于反思的评价模式，备课：“设计自省（Design Review）”、“小组评议（Group Evaluation）”、“专家点评（Expert Review）”、“共同反思（Corporate Reflection）”四个环节，其中有三个环节是“自我评价”。

【案例】 某校对教师备课质量的综合评价制度

科学的管理方法应将备课、上课、测评有机结合起来。通过三者的结合让教师树立整体意识，知道备课是为了上课，上课是为了学生学习，要使学生学好，最重要最基础的工作是备课质量要高，从而激发教师增强备课质量观，淡化备课的应付检查的倾向。

1. 从说课看备课。重视教研组的功能，教研组组织教师在开学初说课标、教材，周教研活动说其间的教法，展开互评讨论活动，并记录在案。

2. 从课堂看备课。组织校长、教导主任、教研组长听、评课小组。推门听、评课。关注教师课堂传授知识、培养能力，以及知识衔接、教材过渡的情况，设置分等量表。

3. 从教学媒体运用看备课。教师课堂是否恰当运用媒体演示，化解重难点。运用下水文指导学生作文。

4. 从效果看备课。检查作业通过率，测评合格率。

5. 从课堂创新尝试看备课。运用符合时代要求的教育教学理念，尝试创新。

6. 从教育科研看备课。学期下达硬任务，按月检查教研笔记，督促教研进度，强调成果表达。

评价办法：业务负责人推门听课，查备课本、教研笔记，访问学生，测评。

由此可见，对备课质量的评价模式，往往是经过学校和教师自己不断主动探索的结果，形成了许多“草根”模式。而其背后，是因为学校或教师自身发展的需要，更是促进学校与教师有效备课、有效教学的需要。

备课质量评价工具的设计

目前，对于课堂教学的各项评价中，听课评价的工具设计（较多的是“听课表”）相对比较成熟，而备课评价的工具（如“备课质量评价表”），似乎还比较少见。说明关注备课质量的意识还没有达到用评价方式来推动的程度。

1. 备课评价工具的基本要素

所谓评价工具是操作层面的用具。一个比较完整的备课评价工具，以“指标体系评价”方式为例，最少要反映以下三个基本内容：

（1）评价内容。主要参照评价的指标体系（需要细化到最低指标，如二级或三级指标）。

（2）判断依据。主要参照评价的标准体系（需要对照若干等第划分的行为描述）。

（3）评价表达。主要参照评价的计量系统（需要依据各项指标的权重，以及加权方法）。

下图就比较通俗形象地表述了备课质量评价的要素组成：

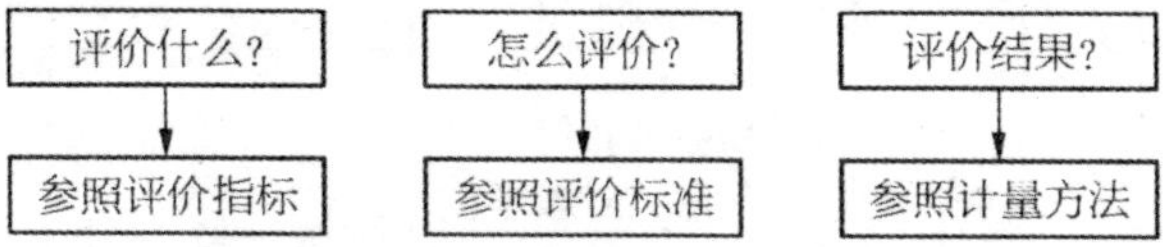

“指标体系”的备课评价工具组成要素

如果是采用“概括性问题”的评价方式，则主要是相关的问题系统。这些问题可以供评价者采集信息、设计问卷时采用。这些可参见上节，如档案袋评价。

2. 备课评价工具的设计思路

首先是“指标体系评价”方式的设计思路。一般以一个评价的“双向细目表”为表现形式。这个表的一个维度是指标系统，包括一级指标到二级指标；另一个维度是判断系统，包括评价标准的掌握、评价的渠道方法、等第的划分等。

如果要进一步提高操作性，还需要对这个评价表的使用作一定的说明。大体包括各指标的具体含义、对列出的评价信息对象的具体指向、等级标准的标志性说明、权重系数和计量办法等等。

对此，可以参考下列某一学校的案例。

某校备课质量评价表

教师姓名：

评价项目	观察点		分值	评价内涵	评价方法	评价等级			
						A	B	C	D
备课态度	01	钻研课标	6	关于本课程对素质培养中地位作用的理解，对内容与要求的理解，对课程的重难点的分析与把握。	查看教师教学进度表。				
	02	钻研教材	7	对教材结构、知识点的理解，对重难点的分析，对教材的挖掘与开发程度。	查看教案和课件。				
	03	备课进度	6	教学进度表上交时间，教案、讲稿检查及完备程度。	学期初、学期中的教学检查。				

评价项目	观察点		分值	评 价 内 涵	评价方法	评价等级			
						A	B	C	D
备课态度	04	备内容	15	是否与课程标准相符，是否采用集体备课，对教学内容的熟悉程度，内容取舍是否得当，是否能更新教学内容、反映新的科研成果。	查看教学进度表、教案和讲稿，由领导、同行进行评价。				
备课质量	05	备方法	15	教学过程的完整性，教学方法是否得当，是否采用先进的教学手段，有无学法指导等。	同上				
	06	备学生	10	对学生知识水平、学习态度、学习能力及要求等方面的调查与研究情况。	查看教师的备课笔记、教案和作业。				
	07	备结构	10	各章节在教学步骤、时间安排、组织教学、板书设计及课件运用等方面的完整性和一致性。	查看教案、讲稿和课件，由领导、同行进行评价。				
	08	备教辅	10	对教具、演示器材的熟悉与准备情况，教参资料及有关案例的收集准备。	同上				
备课效果	09	教学进度表	6	教学进度表的规范与完成情况。	查看教学进度表后，由领导、同行进行评价。				
	10	教案	15	教案的完成、更新情况，教案内涵的完整与形式的规范情况，是否有所创新。	查看教案后，由领导、同行进行评价。				
	满分共计（分）		100						

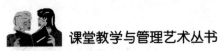

评价项目	观察点	分值	评价内涵	评价方法	评价等级			
					A	B	C	D
评价结论	评价得分							
	评价人签字		评价日期	年　月　日				
备注	评价结果计算公式 $S=\sum X_j \cdot Y_j$，其中 X_j 分别表示A、B、C、D四个等级的权重值。 （A=1.0，B=0.75，C=0.5，D=0.25），Y_j 表示各评价要素的分值。 评价结果标准分优秀、良好、合格、不合格四种。 优秀：$100>S\geqslant85$；良好：$85>S\geqslant75$；合格：$75>S\geqslant60$；不合格：$S<60$							

在一般情况下，对由评价工具得出的结果还需要进行技术分析与处理，才能予以公布或者反馈。目前，这种分析与处理已经完全可以借助一些分析软件，运用一定的信息技术来进行。对于采用其他方式进行评价的结果，同样可以用现代技术来进行处理。

备课评价的结果分析和资源利用

要实现备课质量评价的增值，功夫应该花在对评价结果的分析，以及对其资源价值开发与应用上。本节试图就此作一定的阐述与介绍。

1. 备课评价的结果分析与反馈

对备课质量评价的结果怎么进行分析？一种最简单的方式，就是根据结果所反映的具体赋值，进行排次序、分等第、施奖罚。这种方式既不能促进课堂教学的有效提高，也不能使教师的专业发展找到相应的方向，不符合现代教师专业发展的理念。

其实，教师所需要的是对自己备课成果的认同和真实的意见。学校通过不同的方式在对教师的备课情况进行评价后，也需要不失时机地给予热情的反馈与引导。只有这样，方能够实现学校、教师、教学的多元发展。下面的一个案例就反映了这种情况。

【案例】　某学校对备课评价的反馈经验

学校总是按照惯例对教师的备课教案进行月常规检查，由于每次都事先打好招呼，教师很少会出现严重缺备或漏备的可能。久而久之，大家似乎不再过多地考虑备课的质量好坏。其实，教师和学生一样，大多数教师表面上看起来并不太看重备课检查，装得若无其事的样子。其实教师是多么希望学校领导在检查备课本时，能认真看看，给自己美言几句，对成功做法写上一点表扬的评语和激励性的评价，哪怕只是点滴的肯定也好，从中也能得到一点安慰、鼓励和满足。

于是每次检查后，我们都要在第一时间，召开教务会，对于备得好的教师给予充分的肯定，精彩的做法和到位的地方提出表扬，对有创意的设计给予大力张扬和推广，对有进步的教师，哪怕是微不足道的“亮点”及时给予鼓励和表扬；对备得不太好的教师，尽量用委婉的话语给予启示和点拨，提出中肯的意见和建议，指明努力的方向。这样就最大限度地调动起教师的积极性和主动性，提高了备课质量。

对备课质量评价结果的分析是一个有步骤的系统工作，包括备课评价指标的细节分析、备课行为的追踪分析、备课质量的总体分析等。

针对指标的细节分析，可以了解教师在备课中对哪些教学环节（一定指标）的理解和设计、驾驭能力是其长处，而哪些是其短处。让教师知道自己在备课中的优势和不足，以及自己今后努力的基本方向。

针对备课行为的分析，是为了探究备课评价结果的“所以然”，分析其背后的因素。借助一定的访谈（本人与他人）记录，与评价结果作对照分析，更深入地提出取得成就的必然因素，以及问题存在的主要原因。

备课质量的总体分析，主要是肯定教师的成绩，以此为基础，对照其他同伴，了解还需要在哪些大的方面作出努力，并树立一个新的奋斗目标。

2. 备课评价信息的资源开发与利用

长期以来，大家对评价后继资源开发是不重视或者重视不够的，备课质量评价更是如此。学校往往只满足于评价以后对教师的奖励或批评，教师往往满足于已经被认可的成绩。而其实在更多的方面、更深的层面上，学校和教师都可以针对具体评价信息开展资源化分析，并进行开发。

例如，备课的内涵层面有着资源的价值。备课的内涵极为丰富，有对教材的钻研，有对学生的了解，有对教学过程的设计，有对教学资源的开发和利用，还有教育教学理论的学习，对每一环节的具体评价都显示了一种提示信息。通过仔细分析教学中如何引导学生理解和记忆新知，如何在熟悉的情境中运用知识和技能，如何在新情境中创造性地运用已掌握的知识、技能，如何设计好讲授要点、课堂提问、作业布置等这些教学过程的评价信息，提取其中有价值的经验，并进行整合，使之清晰化、条理化、深刻化，就可以在更广大范畴内予以推广。

教师备课质量的差异也是一种资源。从横向看，有的教师备课很认真、有特点或特长、很经典；有的教师备课少思想，只是抄写别人的教案或者用自己以往的教案，而且往往牵强附会，不得要领。这种情况就需要用优秀的教案来启发，或者以问题教案来研究，改进教师群体的备课行为。要使教师知道，想成为一个合格的教师，必须首先学会在学习名师基础上独立备课，就像许多名师谆谆告诫青年教师的那样：教师成才备课始。从纵向看，即使是一名成熟的教师，对教学艺术的追求也是无止境的。每一次研究教材、设计教学思路，每一次授课后都会有一些新的问题、新的收获，用教案的形式记录下来，留待以后作进一步的思考、完善，将是一件非常有益于教学的事。

下面的案例，是某校在对教师的备课评价后，针对教学目标制订的反思。

【案例】 关于教学目标制订问题的反思研讨

评价反映，绝大多数教师的备课都是在教材分析的基础上确定教学目标，据此选择教学方法，设计教学方案的。对于教学目标的认识有以下几种不足：①往往从“应试”的角度确定教学目标，即可能检测什么就以什么作为目标；②常常局限在认知方面的目标，忽视了情感方面的目标，至少是对情感方面的目标重视不够；③过分强调所谓的“行为目标”的可见性、可测量性，阻碍了学生良好思维品质的发展；④往往只重视教学的结果（教学目标的掌握），很少关注学生在学习过程中的经历、感受、体验。事实上，平时的课堂教学对促进学生发展这个总目标究竟起到怎样的作用，在一定意义上说并不在于学生每一节课中具体明确地知道了什么，而在于他们在课堂教学中有什么样的表现。如果一节课把精力放在使学生掌握那些所谓具体的、明确的知识目标上，满足于学生一节课后能“记住什么”、“说出什么”，那样做无助于学生的发展。

当然，还有其他角度的资源开发与利用思路。例如，将在备课质量评价中评出的优秀教案或教学设计收集汇编成册或上网推广；将评价中发现的倾向性问题作为教育课题组织项目研究，提出改进的行动策略；将一些典型的有效备课的活动做成“范例资源”，刻成光盘作为进一步优化备课的学习或研讨材料等等。备课质量的评价只是手段、只是一次机会，而教师的终身发展、有效教学的探索是长期的任务和职责。

第九章

备课与教师专业发展

一个名教师的成长一般都经历了从模仿到创新的发展之路。其中课堂教学是打造名师的基本阵地，而备课则是“战斗”前的准备工作。面对新课程，备课的改进需要教师专业的回应，教师专业发展又需要针对新课程的要求。从某种意义上说，教师的专业发展就是优化备课的主要根源。

面对新课程给教师带来的种种挑战，校本教研已成为教师专业发展的一个重要载体。而在校本教研中，分析备课的新要求和现实问题，反思自身的教学行为，提升课程的执行力，是教师专业发展必经的渠道。

新课程呼唤备课的改进给教师专业发展带来的课题。大体说来，除了课程层面的要求外，主要还是教学环节设计方面的新要求。例如，教学目标“知识与技能”、“过程与方法”、“情感态度与价值观”三个方面的整合中，怎样进行“过程”、“情感”目标的科学表述？课程内容的处理与充实要体现贴近学生生活，实现重组，而我们很多教师对现今的中小学生的兴趣和理想不是很熟悉甚至不知道，或者是不赞同，这又如何落实？教学要与信息技术相整合，包括教学设计中引入不同类型的教学课件，还要体现互动，传统的专业素养遭遇革命性的挑战，教研活动能否解决这些问题？还有“探究”、“合作”等教学模式与学习方式的改革怎样在教学实施中落实？课程评价怎样实现注重过程与差异？如此等等，总之一句话，如何把课程改革的新理念落实到备课中，给教师专业发展带来了新的挑战。

教师的专业发展，必须有一定的支柱，一般认为支柱有三个，就是“专业引领”、“同伴互助”和“自我反思”。“专业引领”要求请专家发挥作用，但更重要的是要有先进理论、技术和经验的引领。“同伴互助”是基于校本的教研活动和课堂实践的共同话题。这里的同伴其实是由教师群体结成的“学习共同体”。“自我反思”是提升教师发展内驱力、自觉力的必需。当教学反思成为了一个需要、一个习惯、一个制度，教师的发展就有了动力机制。

教师的专业发展，有相应的“向度”，如理论和法规向度、经验积累向度、行动研究向度。而其中行动研究就需要教师本身的主动积极性。下图形象描绘出基于备课改进的教师专业发展概念。

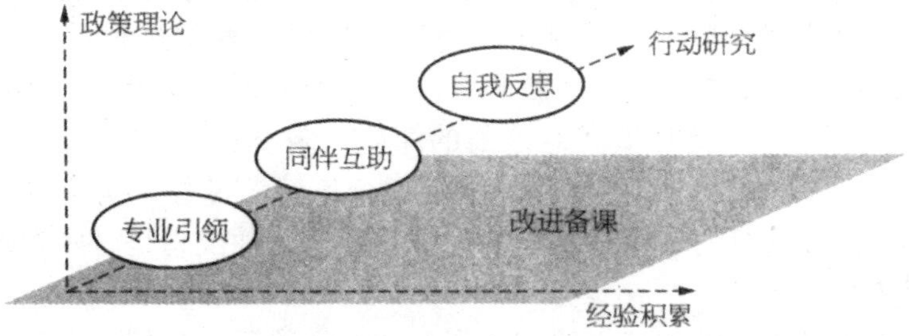

基于改进备课的教师专业发展

要支持教师进入上述发展状态，需要建设一个相应的文化氛围，提供让教师个体智慧助推群体教师前行的“现场”，形成备课改进和教师发展之间“实践——学习——反思——研究——再实践”可循环的“改进——发展”互动系统。

改进备课是教师专业发展的新课题

新课程的改革要求教师在教学过程中，从重视教师的教转变到重视学生的学，从重视知识传授转变到重视学生发展以及多元目标达成，从只注重学习结果到更注重学习过程，从树立自己的教师权威转变到习惯和学生平等对话，从重视统一规格转变到重视差异教育，从重视知识文化的继承转变到重视学生的创造精神和实践能力的培养……这些都对教师过去习惯的教学思维和备课思想带来明显冲击。

教师专业发展是有规律可循的，需要我们对其内涵结构加以认识。教师专业发展的内涵结构，包含其承担教书育人职责的能力、知识、技能、情感态度等，针对这个结构范畴，要注意落实到教师主动改进备课的指标层面，明确目标，形成教师专业发展的行动蓝图，这样有利于教师明确自身专业发展方向。

1. 教师的备课观念需要转变

教师对教学过程的认识首先需要转变。教学过程是一种特殊的认识过程，是通过教和学的渠道，将一般的文本知识和实践体验转化为学生认知结构，并在这个过程中发展学生的多方面能力，养成必要的道德情操的过程。这一定义反映了教学过程的本质属性。但由于抽象，新课程改革引进了诸如建构主义等学习理论来影响教学过程，把教学看成是以教与学之间的“对话”为基础，教师的价值引导和学生自主建构相统一的过程。这就为教学过程赋予一些新的内涵：教学过程是一种“唤醒”，是学生和教师潜能、智慧和情感的唤醒；教学过程是一种体验，是师生从感知和经验升华为对价值的叩问；教学过程是一种“视界融合”，是书本、教师和学生视野的交汇融合；教学过程是学生的自我理解过程，而不光是对教师和书本的理解过程。这种观念是需要教师在备课时逐步树立的。

对教学过程新的理解必然带来了新的教学关系，教师不再是对学生发号施令的权威，教师与学生之间不是一种简单给予、被动接受的关系。随着新课程改革的深入，教师和学生最终应该建立起平等、民主、自由、同情、公正、宽容、鼓励和帮助的交往关系和“伙伴”关系。但是，要将这些理念贯彻到备课中去必然是一个长期的过程。在传统大教学班（多的可达50多学生一个班）的建制下，教师要面对更多有差异的学生群体，想建立起新课程所要求的平等关系，还存在制度性的困难。同时目前学生也有一定的不相适应性；在课堂空间和人数没有改变的情况下，教师对课堂教学的主宰地位，在我们的课堂文化传统和社会中还会长期延续。新课程要求的新教学关系在备课中的建立，实际上还是旧的教学传统被改变和新的教学文化被确立的长期过程。

所以，将对教学过程的本质理解转化为备课的观念，促进教师专业发展，需要教师加强学习和持续不断地实践反思，也就需要依靠“专业引领”、“同伴互助”、“自我反思”。

2. 教师的备课视野需要拓展

最主要的是需要拓展知识的视野和技术的视野，并能体现在备课活动之中。

关于知识拓展，应该包括横向跨学科的知识拓展和纵向学科发展的知识拓展。新课程带来的变化之一是课程内容的整合，要求按“学习领域”组合一定学科，指导学科拓展的思路。这是基于以学生发展为本和知识创新的时代背景的。传统学科的围墙长期以来不能突破的现象是受“学科中心论”所影响的，社会发展到“后工业化”时代，知识的综合和交叉成为一个趋势，课程与教学必然面临新要求。教师的备课和教学设计需要有适应性调整，专业发展尤其是知识拓展也就必须顺应这种备课的新要求。

同时，学科纵向发展加快的现实，也需要教师在课程标准的指引下予以关注。课程尤其是教材的内容通常是前人经验与积累的文化，所以是面向过去的，是过去所谓成熟并公认已经证明是正确的知识，这是无可非议的。但学生却生活在现在，面对的是当前日新月异的现状，要使课堂教学贴近学生生活和社会发展，就需要将知识视野后延，把目前学科的有些新成就、新理论引入教学中。教师的备课需要体现这种要求，教师的专业发展同样需要有相应的要求，要时刻关注学科的发展，拓展学科视野，并注意将学科新鲜知识的引进在备课中落实。

对于技术层面，一个合格的教师也需要拓展视野。随着以计算机、网络和多媒体等为标志的信息技术快速发展，数字化时代下的课堂教学正在发生着巨大的变化，支持学科教学的数字化资源丰富多彩、加速增长，学科教学的资源不断增加，冲击着传统的教学模式。同时学生的学习也需要这种资源的帮助与指导，这样作为教师的教学技术就需要提高，更需要关注信息技术带来的丰富的教学课件以及各学科前沿发展信息等资源，在备课时加以研究与应用。教师专业发展需要了解和掌握数字化资源，这和有效改进备课也是相关的。

3. 教师的备课行为需要适应

新课程实施中，为教师所熟悉并运用的新教学方式具有一些共同的基本特征，这就是以学生发展为本的理念，引导学生积极主动地参与学习，促进师生之间积极有效地互动，教师更多地把自己视为促进者、指导者、合作者，为学生的主动建构提供时间、空间、物质条件、心理环境的支持，使学生形成对知识的真正理解，促进学生的自我反思。这些背景要求需要教师的专业发展在备课行为上有所体现。

（1）“将备课进行到底”——时间维度注重反思的“后备课”行为。

备课是为上课服务的，但上课后的反思其实也是备课，即“后备课”。教师在课后可以自问：“知识满足学生了吗？教学技能是否完善了？教学中情感和态度对学生产生积极作用了吗？价值观正确吗？”等等。课后反思的意义主要在于：检查本节课课堂效果。所用的教法、学法是否恰当？教学目标的达成度如何？成功点有哪些？什么环节需要改进？最终可更新课堂教学设计，从而提高自身的教育教学水平。课后反思性备课，可以针对上课中出现的问题及时修补，对教学过程进行总结，如对某个教学环节估计有误，或对教材内容的组织处理及所采用的教法不太合理时，上课很容易表现出来，若发现后及时进行修改，下次上课就可以避免这些问题。不论是失误的修改，还是经验的总结都是非常具有针对性的，都会使我们的工作得到很好的改进。许多教师的教案组成当中有“教学后记”这一部分。“教学后记”实质是课后备课，坚持写“教学后记”可以改进教学中的不足，积累经验，完善自我，在提高教学成效的同时不断提高自己的教学能力，有效促进自己的专业发展。

（2）“深入教学现场的备课”——空间维度注重情景的“现场备课”行为。

现代课堂教学的一个特点还表现在情景的创设和社会资源的运用上，将课堂延伸到更广的空间。从情境创设来看，要把学校现有的教学设施、设备，包括实验器材、多媒体教室、挂图、模型、图书馆等，看作情景的物质基础，加上一定的问题情境和作业情景的设计，使课堂教学体系成为一种基于真实情景的学习经历，让学生学会学习。这就对教师的备课行为有了新的要求。从社会资源的应用来看，要把社区或学校周围的课程资源如森林公园、博物馆、科技馆、植保站、实验田、自然保护区、养殖场、果场等与学科教学整合起来，使课堂延伸到这些具有教育教学价值的场馆、场地。通过设计一定的项目学习活动，设计相应的学习单元或作业，帮助学生学习和应用真实的知识，体验知识的价值。这种情况给教师带来新的备课要求：要把课堂放在更大的真实的教学现场中思考，探索“现场备课”的新形式。下面的案例反映某校在“中国乳业博物馆”的教学实施概况。

【案例】 一所小学在社区的某博物馆中的教学活动

我校根据不同年级、不同学科的特点，充分挖掘、利用教材中的科普教育因素，与博物馆的教育因素有机整合，提升教学内容的科技含量。如：二年级《品德与社会》中“吃出健康来”一课；四年级《自然》第一单元“保持健康”等。老师通过博物馆内“草怎样变成牛奶”的奶牛模型、会摇头摆尾欢呼的荷斯坦奶牛模型、牛奶运输车、酸奶工艺流程模型等的讲授，让学生知道牛、牛奶、乳品的概况，牛奶生产的一般过程，认识饮奶与身体健康的关系。在日常生活中能科学饮奶，引导学生关注健康，提升生命质量。

（3）“利用网络平台的备课”——技术维度注重互动的“电子备课”行为。

以计算机、网络技术和多媒体为主要内容的现代技术革命的出现，为教学方式与教学模式的变革提供了物质基础。而互联网、学校远程IP教育网的开通以及越来越完备的电子备课系统的出现，为我们的备课提供了不少的便利。我们可以利用声、光、色把我们难以实现的实验，在一堂课内完整地模拟出来。各种各样的素材纷纷呈现，实现了许多“不能言传，只能意会”的梦。网络上同行们的优秀课件、优秀教案，是我们无声的老师。我们可以共享这无穷尽的备课资源，来提升自己的备课水平。对网络资源的需求，尤其是广大教师，已经不仅仅限于聊天、游戏、查找资料、收发电子邮件等一般功能。进行即时的在线研讨，与专家进行点对点的零距离交流，以及和各地教育同仁就教育教学问题进行深入切磋，已经成为教师群体共同的需求。教师和学生都可以方便地利用丰富的网络资源、共享的网络平台进行交流、互动、研修、学习，真正打造学习型社会，实现终身学习。这样的时代特点，对广大教师的备课同样是机遇与挑战。事实上，许多学校教师的备课行为也在悄悄地发生“革命”，下面的一个案例是某校一个教研组的备课经验。

【案例】 某校的“网络备课”概况

我们在以学校局域网和Internet为网络环境背景下，以共享交流为核心，以LanStar、网上邻居、IE等局域网或网络软件等为平台，以教师们课前做好的备课素材为基础，充分利用Internet网络海量知识、搜索导航等功能辅助备课。

本网络备课活动充分利用局域网的“主控”和“对等”的功能，利用Lanstar等软件实现备课主讲人和“举手”发言人对网络的控制，使其备课内容被全部教师共享；利用网络邻居的共享功能实现教师间资源的平等共享，并设立备课成果共享文件夹，将此次备课的成果输入，逐渐积累形成体系；利用网络的搜索引擎及时查证一些相关问题，并得出解释，一并输入备课成果文件夹。

应该看到，教师的备课行为转变会是一个长期的过程。教师长期形成的备课行为的惯性对新的教学行为构成思维和习惯上的阻力，这需要我们采用校本培训、校本教研等新的教师专业教育方式去突破，使他们逐步将改进备课的要求转化为相应的备课行为。

备课改进与教师有层次的专业发展

对教师发展的研究表明，教师发展要经历适应期、关键期、成熟期、高原期、优秀期，且各阶段彼此联系、互为基础和接续。当然，教师个体之间还存在着心理素质、能力素质、生活环境的差异，它们在各阶段的发展进度和效果也不尽相同，所以，在教师专业发展目标的确定与达成上，既要有差异性发展的目标意识，又要有共同发展与个体发展有机统一的追求目标。下面将备课要求结合教师的发展阶段分三个部分来阐述：

1. 青年教师与备课基本功的锤炼

青年教师到岗的专业发展，主要还是以夯实教学基本功为主。一个教师的教学基本功，概括起来无非是掌握“教什么”和“怎么教”这两个本领。对于前者，学科的专业知识当然是最基本的，但还需要有学科的思想与方法；而后者，需要从了解并依据学生学习规律出发，在诸如教学设计、课堂语言以及板书、教学基本手段和现代技术应用等备课能力方面，下一定功夫，做到能运用自如。

下面所示的一个案例，是上海市开展中小学教师全员培训时对青年教师提出的关于教学基本功的专业要求，其中主要着眼点是对备课的改进。

关于中小学青年教师教学基本功的若干指标要求

（1）学科专业知识

掌握本学科课程标准和教材所涉及的基本原理、基础理论与知识，并能深入浅出地进行运用；初步了解本学科的发展脉络，以及新近的主要观念、理论等成果，并能结合教学加以运用或应用；初步了解与本学科相关的社会教育资源，能结合教学加以应用。

（2）教学理论与实践的相关知识

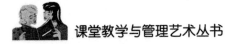

基本上了解本学科主要的教学理论和流派；知道本学科的教学常规要求，并能在教学设计与教学实践中体现；理解课程改革对学科提出的新理念，并能结合教学任务，在备课、上课、个别辅导和作业设计等环节中有一定落实；初步了解教育科研、教学研究的基本要求，探索教学

模式的改革，能在课堂教学中有所体现。

(3) 课堂教学常规技能

板书设计科学合理：符合课程标准，体现本学科特色，内容正确、条理清晰，结构简洁，字迹工整。板书具有启发性，能注意引导学生进行知识梳理和建构。

教学语言准确规范：能用普通话表述，言语正确、浅显、清晰，语速与节奏符合学生接受水平，语调具有一定的感染力。

教具使用比较熟练：了解与本学科相关的常规教具，能有针对性地选择一些教具、学具运用于教学，演示较清晰，操作较熟练，效果较好。

(4) 教学新技术应用技能

初步了解现代教学技术的基本特点，能使用计算机、投影仪等设备进行辅助教学，具有结合教学应用网络技术和多媒体技术的初步能力；一般了解信息技术环境下的学科教学资源现状，能结合单元教学选择有针对性的信息资源进行教学实践，能指导学生开展一定的拓展活动；具有初步的教学课件的运用能力，在课堂教学中，能结合一定教学内容，有针对性地进行运用和改进教学课件的实践探索。

2. 骨干教师与备课特色的形成

骨干教师是在青年教师基础上发展而成的。他们在积累了相当的经验后，结合自身的特点和学校等条件，选择在某些方面做一定突破，逐步形成自己的教学特色，其中包括了备课的特色。骨干教师的备课特色可以在教学技术（或艺术）层面进行考虑：

(1) 问题设计方面的技术特色。

在备课活动中对问题设计的研究，在教学设计中对问题设计的具体实践和安排，都是对骨干教师专业发展的基本要求。问题可以分若干层次，如有的是“What”(包括 when、where 等) 层面的，有的是“Why”层面的，有的是“How”层面的。被认为最有价值的是“If”层面的，即转换一个情景下的问题，这对学生创新能力培养是具有一定促进作用的。

(2) 资料补充方面的技术特色。

对于教学内容来说，教材永远是基本的，但又是不可能适合所有学校与学生的，所以需要补充贴近学生生活的内容资料，使“课堂犹如一池活水”。在这方面，教师应该具有相应的专业素养。资料的形式包括文字的、图像的、音响的、影像的等，如报刊文摘、图片、录像、录音等。但都要符合科学性、教育性、适切性、启发性等原则要求。

（3）作业设计方面的技术特色。

新课程带来的学生作业改进的要求，是以往教师从未遇到过的。有人认为，新课程需要的作业从形式上看包括：实践作业、书面作业、口头与听力作业、表演作业等。从要求上看包括：模仿作业、探究作业、可选择性作业等，答案不一定唯一。符合这些要求的作业设计还没有成熟的经验可参考，需要教师在研究中实践开创。在这方面形成专业特色是十分有价值的。

（4）手段运用方面的技术特色。

现在的教学手段可以说是丰富多彩、纷繁复杂、目不暇接，这是数字化时代的必然现象。由于网络技术和软件资源的支持，教学手段可在掌握技术的基础上不断发展。

对一名骨干教师而言，上述技术特色可以拥有一项，也可拥有多项。

3. 名教师与备课风格的发扬

有学者在对教师专业发展的课堂教学行为研究中提出了名教师应有的“教学风格”，并对其进一步概括，从而导引出“教学风格”的谱系研究，对每一种“教学风格”同学生发展进行相关分析。这项研究对思考建立现代课程教学模式有很好的启发与指导作用。

根据这个研究，可将“教学风格”的主要类型归纳为十一种：

风格 A：命令式风格；
风格 B：实践型风格；
风格 C：交互型风格；
风格 D：自我检查型风格；
风格 E：包含型风格；

→ 培养学生再现能力为主要目标

风格 F：指导—发现型风格；
风格 G：辐合发现型风格；
风格 H：发散性产出风格；
风格 I：学生设计个人计划的风格；
风格 J：由学生启动的风格；
风格 K：自我教学的风格

→ 培养学生生产能力为主要目标

教学风格的类型归纳（谱系）

然后，将不同“教学风格”对学生素质发展的影响，分五个发展渠道进行分析。这五个发展渠道是：身体发展渠道、社会发展渠道、情感发展渠道、认知发展渠道和道德发展渠道。身体发展渠道所反映的是人的力量、灵活性、平衡性、协调性、敏捷性及完成体育活动需要的技能发展等；社会发展渠道表现的是学生与他人相互作用所需的社会技能的发展，如语言行为、交往、风度等；情感发展渠道表现的一般是师生之间的信任、学生对自身安全的感觉程度、与他人相互作用时学生的安全感等；认知发展渠道表现了学生从事各种认知操作，如记忆与回忆、对照与比较、综合与分析等发展情况；道德发展渠道主要表现为学生能够真诚待人、信任他人等品质的发展等。在进行具体分析时，是根据学生在各种“教学风格”中所表现出的独立性程度来衡量其在各个发展渠道中位置变化的。研究者用了一个表格来归纳：

对教学风格谱系的功能分析

各种教学风格对学生不同发展的关系

	←极小					极大→
身体发展渠道：	A	BCDF				EGHIJK
社会发展渠道：	A	BF	EG	D	C	H　IJK
情感发展渠道：	A	BCDEGH			G	CADEFHIJK
认知发展渠道：	A	BC		DE	FG	HIJK
道德发展渠道：	A	B		G		FCDEHIJK

注：A ——→K 是图 9－2 中十一种“教学风格”的代号

名教师的教学风格其实是在实践中逐步形成的。也有人将教学风格分为“典雅型”、“新奇型”、“激情型”、“理智型”、“综合型”等几种。不同风格的结果是在课堂中体现的，但是在备课中形成的。

教师的群体发展与备课的改进机制

教师专业发展说到底需要建立在一定的机制基础上，才能够达到可持续发展的效果。对于备课环节而言，同样需要这样的机制建设。建立在机制基础上的备课，是保障教师的群体性发展的必要条件。本节就此作简单分析。

1. 建设促进教师专业发展的现代备课平台

对于现代备课来说，网络备课平台的建设是不可或缺的。

组成网络备课平台的资源，主要有如下九个方面：

（1）媒体素材：媒体素材是传播教学信息的基本材料。可分为五大类：文本类素材、图形（图像）类素材、音频类素材、视频类素材、动画类素材。

（2）题库：题库是按照一定的教育测量理论，在计算机系统中实现的某个学科题目的集合，是在数学模型基础上建立的教育测量工具。

（3）试卷素材：各个学科有典型意义的试卷集合。

（4）课件与网络课件：课件与网络课件是对一个或几个知识点实施相对完整教学的用于教育、教学的软件根据运行平台划分，可分为网络版的课件和单机运行的课件。网络版的课件需要能在标准浏览器中运行，并且能通过网络教学环境被大家共享。单机运行的课件可通过网络下载后在本地计算机上运行。

（5）案例：案例是指有现实指导意义和教学意义的代表性的事件或现象。

（6）文献资料：文献资料是指有关教育方面的政策、法规、条例、规章制度，对重大事件的记录、重要文章、书籍等。

（7）常见问题解答：常见问题解答是针对某一具体领域最常出现的问题给出全面的解答。

（8）资源目录索引：列出某一领域中相关的网络资源地址链接和非网络资源的索引。

（9）网络课程：网络课程是通过网络表现的某门学科的教学内容及实施的教学活动的总和。它包括两个组成部分：按一定的教学目标、教学策略组织起来的教学内容和网络教学支撑环境。

要发挥这些资源的作用，就需要制订相应的应用机制。如体现“以人为本”，要有恰当的激励机制，用与不用要不一样；又如，要有使用的管理机制。对一般教师，要求在使用后提供使用的简单评价报告；对骨干教师，需要提出“使用者同时也是开发者”的理念要求。这其实也是一种不断丰富、完善现代备课平台（包括备课资源库）的责任机制。

2. 催生促进教师专业发展的校本备课文化

教师专业发展需要有一个良好的学校文化背景作支撑。这个良好文化背景的创设应从两个方面着手，一个是物质文化，一个是制度文化。

完善校本备课的物质文化。对于校园文化中的物质文化，有一些不同的界定。其一，物质文化是指校园文化的物质载体，包括校园环境、设施和开展活动所需的物质形式等。其二，物质文化是指学校的建筑设施和文化设施等，它使校内整体设施形成一个和谐有序体现美的景观，对人们的审美理想、审美情趣的发展变化产生影响，是进行文化活动的基础和条件。其三，物质文化是指校园文化中看得见、摸得着的那部分，也称为硬文化。硬文化是校园文化的物质外壳，也是校园文化的表层结构。

从这些不同的认识中提炼出核心概念，这就是校园文化中的物质文化包括一切物态化的硬件和景观化的环境，是制度文化等一切软文化的载体。

按照这种基本认识，所谓“校本备课文化”中的物质文化，也就是保障备课活动能正常开展和进行改进研究的基本设施设备和环境。从文化的层面认识这些物态化的硬件与环境，需要遵循最低保障和持续改善相结合的原则，其底线是真正具有“保障”功能，产生教育文化的价值。而与其相应，在教师的专业素养中，就需要具有应用这种硬件资源和环境的技术与能力，使之能真正体现作为备课物质资源的价值。

完善校本备课的制度文化。在学校背景下的所谓制度文化，是指为校园文化活动开展提供管理和保障的制度。校本备课的制度建设，是其中的一个组成部分。

备课制度，主要包括备课研究制度、备课检查制度、备课奖励制度等。

在校本备课制度层面上，备课研究是最基本的制度。不同的学校对教师备课行为的制度要求可能不尽相同。但总体来说，都可以从研究的内容和形式这两个方面加以分析。内容的选择同时代的要求和学校的问题相关。如有所学校就根据某些教师提出的问题组织研究，这些问题有：没有教案能不能上课？如何备课既能发挥教参的作用，又能使自己的教案高效、实用？教案电子化后，需不需要打印出来，带进课堂？是否需要实行网上分工备课，固定备课格式，以便资源共享？如果必须带教案进课堂，是否需要废弃无纸化办公，再改回到备课本时代，用笔书写成文本教案？等等。研究的形式也是重要的制度内容，如有的学校强调集体备课，并按照：“个人初备——集体研讨——修正教案——重点跟踪——课后交流”这种基本程序进行。这些制度长期坚持，就会发展成一种校本备课文化。

备课检查制度是许多学校都坚持的一种对备课的管理举措。一般情况下，学校的备课检查是分期进行的，如分期初、期中、期末三次检查，检查的重点也有所区别：开学第一周对教师的备课检查，要求寒假备课提前两周，暑假备课提前一个月（由教导处和教研组长负责）；期中考试后一周全面检查，对全校教师的备课由学校分管领导进行检查，要求全体教师备完三分之二的课（重点看教案的过程设计，前一阶段的教后记完成情况）；而期末进行的第三次备课检查，重点检查教案在使用过程中的修改情况及教学反思记录。当检查成为一种制度，教师便会将之看作业务工作的一个重要任务，习惯了之后，就会成为与教师备课行为相关的一种学校文化。

备课奖励制度是在检查与考核基础上执行的。检查备课质量时需要将考核指标与标准都向教师交代清楚，根据考核或检查的备课质量情况分出等第，按照质量等第设计实施奖励，这是对教师备课行为的正面导向。具体可参见上章关于备课评价的介绍。

第十章

备课实例

一个小村庄的故事

经典案例

靳老师教学《一个小村庄的故事》片段。教师请一位学生上台画小河，孩子胆怯地摇头，表示自己画不好。师："不画不行，你越是怕，我越是让你画。"师："下次再叫你来敢不敢来呢?""敢!"课堂上，靳老师关注的不仅仅是学生能否画好，更关注的是学生的心灵世界，关注的是怎样把自信的种子撒播到孩子生命的土壤中！有人说：课堂应是师生共有的生命历程。蹲下身来看孩子！备课时，让我们换位想想孩子，让孩子心灵舒展地去上课吧！

案例解析

对学生个性、特征、心理素质、已有知识水平等情况的了解程度，在很大程度上决定着一节课的教学效果。苏联著名教育家苏霍姆林斯基说："我们教师在课堂上只需要做到两件事：第一，要教给学生一定范围的知识；第二，要使学生变得越来越聪明。"而要做到这一点，了解学生则是必须的，正所谓："知己知彼，方能百战百胜"。

"备课，我备学生了吗?"应该时常响在每一位教师的耳边！

备课，如何备学生？应该是每一位教师都要思考的问题！

水上飞机

经典案例

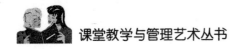

三年级有一篇课文叫做《水上飞机》，文中要求学生用"究竟"造句。我一查词典，竟有两个意思，一个是作"结果"讲，可以用"明白"取代；一个是因有疑问而表示追究。意思弄明白了，造句的教学设计也就出来了。我先让学生读书上的句子："小海鸥想：货轮、客轮啥样的我都见过，就是没见过这种长翅膀的船，它决心去看个究竟。"接着让学生说说自己在生活中遇到的想"看个究竟"的事。说完，我将"看"擦掉，先后换成"问"、"探"，让学生再说说在生活中遇到需要“问个究竟”、“探个究竟”的事情。学生的发言活跃而精彩。接下来，我出示了这样一个句子，这种东西究竟省不省油？让学生体会“究竟”在这句话中的意思。当学生知道了这里的“究竟”作“追问”、“追究”讲时，我又请他们仿照例句造句。最后，我请大家以“恐龙”或者“外星人”为话题，写一段话，用上两个“究竟”，一个表示结果，一个表示追究。

教师们听了我的造句、造段训练，又交口称赞，问我这个设计是怎么想出来的，我回答的只有一句话：“因为我通过查词典，弄明白了‘究竟’的意思，所以想出了这么一个训练程序。”

案例解析

“这法儿，那法儿，钻研不透教材就没法儿。”于老师的这句话，简单而又深刻地道明了教师吃透教材的重要意义。在这篇案例中，他也算是“现身说法”，用生动翔实的案例说明了这个道理。

备课中不可忽视的细节——备自己

经典案例

有一次，一位老师上《花瓣飘香》这一课，上到最后，学生都被小姑娘的孝心和爱心感染。老师说这时要是你妈妈病了，你会为妈妈做什么事，会对妈妈怎么说呢？学生个个小脸憋得通红，手举得高高的，都想把自己对妈妈的深情表达出来。可教师这时却说现在不要说出来，回家后告诉你妈妈（因为一本教案上是这样写的），学生的积极性被这句话一下子打压了下去。接下来，教师试图用朗读来重新带动课堂的气氛，可是他的朗读实在不敢让人恭维，整节课就这样“有气无力”地上了下来。

前些天，参加学校里的一次教研活动，一位老师执教了《周总理，你在哪里》。这节课的大致环节是：一读诗歌，做到正确朗读；二读诗歌，理解诗歌的思想内容；三读诗歌，有感情地朗诵诗歌。整节课层次分明，条理井然。学生在老师的引导下，逐步领会到了诗人丰富的情感，朗读的投入程度也越来越深，给人渐入佳境之感。最后，老师播放了一段录音，让学生听录音品味诗歌浓浓的情感。

评课时，大家对这节课给予了颇高评价。最后，有一位老师提出了一点看法：“为什么要让学生听录音，而不让学生听老师充满感情的朗诵？从老师指导学生读的情况看，老师完全可以读得很好，有些地方甚至可以比录音处理得更好。更何况，老师是面对面地朗诵给学生听，应该更有感染力，更有示范作用。”

案例解析

在上面的这则案例中，作者用生动的例子告诉我们，教师教学不能丢掉自己的长处，去学别人的“长处”，要不然，不仅有“东施效颦”之嫌，还有可能落个“邯郸学步”的下场。在现实的教学中，教师一定要充分地了解自己，充分发挥利用自己的长处，创出自己的教学特色来。

备课时如何设计教学主线

经典案例

文学作品常有一条贯穿始终的红线，我想成功的课堂教学应有一条清晰明朗的主线。教学主线是教者在反复钻研教材的基础上形成的比较成熟的教学思路。我曾留心研究了一些课堂教学，可以这样说：凡是成功的课堂教学必定有十分清晰的教学主线，凡是不成功的课堂教学也必定是主线不明或思路混乱。既然教学主线如此重要，那么如何设计组织呢？

一、由文路设计教学主线

“作者思有路，遵路识斯真。”根据文路来设计教学主线，可以使文路、教路、学路和谐统一。例如《白杨》的文路是：白杨的外形→白杨的特征→爸爸的心愿。学生的学路一般是由浅入深、由表及里。对于本课来说就是先充分感知白杨高大挺秀的外形，再深入理解白杨正直高大、生命力强、坚强不屈的特征，最后领悟爸爸扎根边疆的心愿。根据文路和学路，我设计的教学主线是：通过“高大挺秀”一词和爸爸介绍白杨特点一段话的教学，在学生心目中树立起白杨高大的形象，再引导学生学习课文中的插叙以及对爸爸神情变化描写的句子，领悟爸爸的心愿，在学生心目中树立起边疆建设者的高大形象。这样“三路”

和谐统一，教师、学生和作者如同共乘一舟，披文入情、探幽览胜。

二、由课题设计教学主线

课题是文章的“眼睛”、文章的“灵魂”，抓住了课题也就抓住了文章的核心。利用课题来组织教学主线可以突出重点，达到事半功倍的效果。例如《飞夺泸定桥》就可以紧扣题目中的“飞”和“夺”设计教学主线，组织问题系统。

①围绕“飞”字可问：我军为什么要“飞”（抢时间）？我军在“飞”的过程中遇到哪些困难？是怎样克服的？我军“飞”的结果是怎样？

②围绕“夺”字可问：我军“夺”的是座怎样的桥？我军是怎样夺桥的？在“夺”的过程中遇到什么困难？是怎样战胜的？我军“夺”的结果怎样？说明了什么？抓住文题设计教学主线的课文很多，像《狼牙山五壮士》可紧扣“壮”字来设计教学主线；《将相和》可紧扣“和”字来组织教学主线；《草船借箭》可扣住“借”字来安排教学主线，等等。

三、由警句设计教学主线

警句，即文章中牵一发而动全身的关键句子。这些句子在文章中统领全文，或揭示中心，或蕴涵深意。如能抓住这些句子设计教学主线，能起到高屋建瓴、纲举目张的作用。例如《可爱的草塘》最后一句“但是我犹豫了，生怕弄坏了这一幅美好的画卷”在全文中起到画龙点睛的作用——今日的北大荒成了一幅美不胜收的画卷。教师可围绕这句话来组织教学主线。第一步：引导学生理解“画卷”的意思。第二步：引导学生理解草塘美景图、雪地捕猎图、草塘泡逮鱼图、小河清秀图。第三步：启发学生想象，假如作者和小丽继续往草塘深处走，又将会看到怎样美丽的画面？第四步：引导学生体会祖国的山山水水美如画，教育学生要爱我们美丽的祖国，将来把祖国建设得更加美丽富饶。好多课文都有类似这样的警句。例如《詹天佑》中“詹天佑是我国杰出的爱国工程师”。《我的伯父鲁迅先生》中“伯父就是这样的人，为别人想得多，为自己想得少”。《我的战友邱少云》中“这个伟大的战士，直到最后一息，也没挪动一寸地方，没发出一声呻吟”。我们教者要充分发挥这些警句的作用，利用它们来组织教学的主线。

四、由过渡段设计教学主线

过渡段，顾名思义它在文章中起承上启下的作用，“一桥飞架南北，天堑变通途”。过渡段文字虽然不多，一小段甚至一句话就够了，但它在全篇的结构中却不能少。正由于过渡的特殊作用，我们可用它来设计教学主线。例如《伟大的友谊》一课第 4 小节“在生活上，恩格斯热忱地帮助马克思，更重要的是在共产主义事业上，他们互相关怀，互相帮助，亲密地合作”是过渡段，我们可利用它组织教学主线，把语文课上成训练课。

第一步：利用过渡段给课文分段、归纳段意

哪几小节围绕“在生活上，恩格斯热忱地帮助马克思”来写的？哪几小节围绕“更重要的是在共产主义事业上，他们互相关怀，互相帮助，亲密地合作”来写的？第一段段意可不可以用承上句概括？第二段段意可不可用启下段概括？

第二步：利用过渡段理解课文内容

①“热忱”是什么意思？第一段中哪几个地方可以看出在生活上恩格斯热忱地帮助马克思？

②第二段中，作者从哪几方面来写马克思和恩格斯互相关怀，互相帮助，亲密地合作？

第三步：利用过渡段概括主要内容和中心思想

引导学生适当地把过渡段修改一下就成了课文的主要内容和中心思想。

本文记叙了在生活上恩格斯热忱地帮助马克思，更重要的是在共产主义事业上，他们互相关怀，互相帮助，亲密地合作的事情，（至此为主要内容）热情赞扬了他们在向共同目标的奋斗中建立起来的伟大友谊。

当然，不是所有的过渡段都能这样进行教学的，要视具体情况而论，但是过渡段在文章中的作用是能够启发我们利用它来设计教学主线的。

五、由习题设计教学主线

课后习题是编者根据课文内容和单元训练重点精心设计的，它是教学的主要依据，应引①猎狗发现了一只怎样的小麻雀？②老麻雀用什么办法保护小麻雀？③猎狗为什么慢慢地向后退？

我根据这三个问题设计了如下教学思想：

第一步：利用这三个问题讲读全文，重点突出第二个问题，通过讲解、朗读、比较、图示把老麻雀那不畏强暴和奋不顾身的母爱精神深深地烙在孩子们的心上。第二步利用三个问题给课文分段。第三步利用问句给每段概括段意，方法是把问句改成叙述句。例如第二问：老麻雀用什么办法保护小麻雀？改为：老麻雀用自己的身体保护小麻雀，既能落实双基，又能突出年段、单元训练重点，不失为一种朴实的好教法。

六、由插图设计教学主线

课本中的插图是编者为了帮助师生理解课文内容，增加课本的形象性而精心绘制的。可事实上往往被教师所忽视，没有发挥其作用。我在教学中比较重视发挥插图的作用，有时利用插图来设计教学主线显得新颖别致，给教学增色不少。例如教学《音乐家扬科》时，我首先挂出放大的插图问学生：跪在小提琴前面的是什么人？当学生回答是扬科后，我又问：扬科是个怎样的孩子呢？带着这个问题组织学生学习第一段，了解到扬科是一个穷苦人家的孩子，但酷爱音乐，大自然的一切响声在扬科听来都是乐声。接着我又回到图上问：扬科为什么跪在小提琴面前呢？这把小提琴是谁的呢？他把双手伸向小提琴想干什么呢？带着这个问题，师生共同学习第二大段，知道扬科太爱小提琴了，要是能有一把小提琴他愿意用自己的一切去交换。在这强大力量的驱使下，他情不自禁地来到食具间，想摸一摸主人的小提琴，结果换来了一顿毒打。最后我又回到图上，问：为什么扬科仅仅摸一摸这小提琴就挨了几次毒打？从扬科的悲惨结局揭露了什么？这样学生就水到渠成地理解了课文最后的难点。可见利用插图来组织教学能增加教学的形象性、新颖性，符合学生的心理特点。课本中有插图的课文很多，利用它来组织教学主线是一片广阔的天地，大有可为。

案例解析

在案例中，这位教师结合实例，从语文教学的角度，论述了如何设计教学主线的六种方法。但他仅仅是从语文这一学科出发来论述的，虽对我们有一定的启发，但又不免具有一定的局限性。

"生成"因"预设"而精彩
——《黄继光》备课教后有感

经典案例

又是四年级，再一次上《黄继光》这一课。以前一节课下来，感觉比较平淡，学生没能真正走进英雄的心中，没有真正被打动。再加上教材内容离学生太远了，理解与体验起来会有相当难度。但一位平行班的同事介绍的情节，却给了我很大的启发。

他在上课时提到一处句子"他在身负七处重伤，已经没有一件武器的情况下站起来了"。有一个学生说："他还有一件武器，就是他的身体，他最后用他自己的身体堵住了敌人的枪口。"

"他还有一件武器，就是他自己的身体"，对呀，这不就是突破口吗？一个孩子能想到用自己的身体作武器去堵枪口，而我怎么就没想到这就是文章的"眼睛"，人物精神的闪光处呢？于是我改进了这个片段的教学设计，把那个孩子的话设计在教学过程当中，收到了意想不到的效果。

片段

（出示句子1：黄继光又站起来了！他张开双臂，向喷射着火舌的火力点猛扑上去，用自己的胸膛堵住了敌人的枪口）

师：课文介绍黄继光在身负七处重伤，已经没有一件武器的情况下站起来了。有一位同学却说黄继光还有一件武器，你们猜他说的是什么？（同学们先是一愣，然后小声讨论开了）

生：我觉得他还有一件武器就是生命，因为他用身体堵住了敌人的枪口。

师：那在这样一个紧要关头，你从他这个行为中感受到了什么？

生：我觉得他很勇敢，不怕死。

生：我很敬佩黄继光叔叔，他很厉害。没有一件武器了，还能想到用身体去阻挡敌人的枪口，如果是我的话，早就晕头了。

师：是呀，"勇敢是勇气与智慧的完美结合。"同学们，一位真正英雄的伟大之处就在这里，生死攸关时刻能做出常人难以做到的，想到常人难以想到的。

生：对，就像老师说的那样，勇敢不仅需要勇气，需要智慧，还得加上冷静、沉着。黄继光是我心中真正的英雄！

师：那把你心中英雄的那种勇敢、坚强以及你的敬佩，通过你的阅读表达出来吧。

（学生第二次站起来读句子）

生：老师，我觉得黄继光还有一件武器，就是他心中强大的力量，支撑着他站起来。

师：你们觉得会是什么力量支撑着他站起来的？

生：是战友给他的力量，因为他想到不完成任务，战友们的生命就会有危险。

生：是他的指导员给他的力量，因为他想到指导员对他的信任，他必须要完成任务。

生：是祖国人民、朝鲜人民给了他力量。这么多人都在望着他，在鼓励他呢，他心中就充满了力量，站了起来扑上去挡住敌人的枪口了。

（顺势指导读“句子”：他感到指导员在望着他……朝鲜人民在望着他！）

师：黄继光想到了指导员的信任，战友们的安危，祖国人民的嘱托，朝鲜人民的解放，于是他又——（引读句子1）

他难道不知道这一扑，他将会失去他的生命吗？（引读句子1）

他难道不知道这一扑，他就再也见不到他可爱的祖国和亲人了吗？（引读句子1）

（这时，很多同学读着句子，眼眶中已经聚满了泪水）

案例解析

课堂因“预设”而美丽，因“生成”而精彩，没有课前的充分准备，精心“预设”，就不会有课上“生成”的精彩，更不会有学生在动态“生成”中的生命成长。案例中教师正是在课前找到了文章的“眼睛”，进行了精心的“预设”，才能在课堂上循循善诱，对学生进行了积极的引导，从而有了“很多同学读着句子，眼眶中已经聚满了泪水”的精彩“生成”。

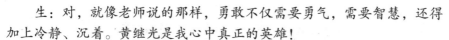

在生活中备课，在备课中生活

经典案例

几年前，由于工作的需要，我调入了一所学校，接任了生物课的教学。于是一切便从头开始了。

每天除了在教室上课，就是待在办公室里备课，阅读教科书，钻研教参，和同行交流切磋，甚至争论。有点儿恶补生物学知识的感觉。毕竟上学时所学的那点儿知识，早已忘得差不多了。在教生物课的第一轮课的两年时间里，感受最深的就是边教边学，教学相长。新的学科给我展开了一个新的视野，一个全新的工作和生活，我比之前有了一种脱胎换骨的变化。

下班后回到家里，我再也不像以前那样悠闲地看看电视、小说，甚至和孩子一起做游戏了。餐桌上，茶几上，以及床头柜上，摆放的都是有关生物学的资料。一有空就拿起看，比看小说都着迷，把所能找到的习题、试卷等都做一遍，以拾捡起遗忘的知识并加深记忆。想起那两年的生活，真的感觉自己就像是一块海绵在拼命地吸取知识的水分，虽然是工作所迫，竟然因此而激发了我对生物学浓厚的兴趣，如潜流涌起，一发而不可收。后来有几次改教语文（我所学的专业）的机会，我都放弃了。

对学生学习而言，兴趣是最好的老师；于我，兴趣便是最大的动力。我饶有兴趣地在课堂上给学生讲大千世界中各种生命的奥秘：为什么有的树叶在秋天会变得火红？为什么大树底下好乘凉？曾是地球霸主的恐龙为什么会在短时间内全部灭绝？生物圈里现存的所有生物是怎样由共同的祖先进化而来？为什么鸡先生蛋再孵出小鸡，而老鼠却能直接产崽？为什么人们吃的面包、喝的啤酒饮料，甚至生病吃的药物都离不开显微镜下才能看到的微生物呢？学生们也都被我的情绪所感染，对生物学的兴趣空前的高涨，更使我寓教于乐，乐在其中，我怎舍得放手？

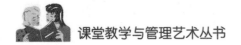

在教学过程中，总会遇到许多教科书上没有的问题，往往有的学生提出的问题出乎预料，觉得备课再充分也会出现这种现象。怎么办？多看《中学生物教学》、《伴你教生物》等资料，上网查阅，向外校的同行请教，节假日到外地听课学习，生病了看医生后还要缠着医生问这问那，见了学校花工师傅就问花卉等植物的名字、生活习性，以及如何扦插嫁接等技术，总之只要和生物有关的专业人员都是我的老师。

就这样，几年来的生物教学，使我的生活整个都变了：看电视总是《动物世界》、《绿色空间》、《人与自然》、《自然密码》、《探索发现》等，和家人散步时所谈论的话题也多是有关生命奥秘的，平时对周围动植物的观察也更认真细心了，家里还种植了多种观赏植物。这可是我讲植物生活习性的第一手材料啊！

回首这几年的生物教学生活，真是既紧张又有意义，感觉时间过得太快了！原来生物教学的备课与生活联系得这么紧密。有一位班主任曾告诉过我：说她班的一个学生在日记中写生物老师和蔼可亲，知识渊博，很像一位生物学家的样子。明知是过誉，我竟有点受宠若惊了！不过看来我的修炼也有些成效了。我坚信自己的后半辈子的教学生涯离不开生物学了，因为它已渗透到了我的全部生活，不可逆转了。

案例解析

备课是教师的“职业行为”，是教师在“工作时间”所做的一项“工作”，这是备课的一般性要求，或者说是备课的基本要求。将备课活动延伸到教师的日常生活当中，则可见这个教师的“敬业精神”，同时也是教师努力追求有效备课和有效教学的表现。

案例中的教师，即时、灵巧地发现生活中的资源，给自己的备课添上了颇具个人生活特色的内容，让自己的课堂鲜活起来、灵动起来，对于广大教师而言，很有借鉴和启发意义。

对备课创新的思考

经典案例

昨天听来一个小故事颇耐人寻味：美国一名游客到印第安旅游，看到街头一个小贩在卖很漂亮的草帽，于是就上前问多少钱一顶，小贩说10 美元。那么我要买 100 顶多少钱，小贩回答，那要每项 20 美元。游客感到奇怪：通常是买得越多价钱越便宜，你为什么卖得更贵了？小贩回答：我编一顶帽子是快乐的，假如让我编同样的 100 顶帽子那是很痛苦的，所以贵。是啊，那是一种机械的、重复的劳动，怎能不痛苦呢？

由此我想到我们的教育，我们的教学，假如我们不加强学习，不更新教学方法，总是用同样的方法对待所有的学生，用同样的方法来教所有的课程，不断重复着昨天的故事，那不也就变成了一种机械劳动了，让教师和受教育者都感到索然无味吗?

案例解析

创新是生命快乐的源泉，是生命深处涌动着的不竭的活力。案例开头的那个小故事告诉我们，在做事情的时候讲究创新，我们就能拥有属于自己的快乐。因为，理性的思维是世界上最幸福的事情，而创新，恰恰就是对理性思维的挑战。

有学生参与的备课更精彩

经典案例

一、背景说明

每位语文老师可能都有过这样的经历。在课堂上，任你老师讲得唾沫乱飞，可偏偏就有一些学生看似正襟危坐，却“身在曹营心在汉”，对老师的提问无动于衷。一到提出问题，学生便低下了头，目光不敢与老师的目光接触，更谈不上主动举手。有时虽也有极少数的同学大胆举手发言，但在这短暂的思考中作出的回答，却经常是南辕北辙。那么造成这种现象的原因何在呢?如何才能改变这种局面呢?

通过对学生的调查，我了解到，原来学生不是不愿作答。而是他们对老师在课堂上提出的问题缺乏足够的思想准备，再加上思考的时间短暂，心中没有把握。与其在众人面前出丑，不如老老实实地等待教师的“正确”答案。受这种思想的支配，课堂上自然会冷场。

针对这一问题，我挑选了《谈骨气》一文，进行了“师生共同备课”的尝试，这一尝试的主题就是在教师备课的同时，也让学生参与备课，变学生上课被动的听为课前对教材内容的深入钻研。对将要上的课，师生都备，达到互动。

二、过程描述

1. 课文导入

在《龙的传人》歌声中，我述说着我们的古训：“人不可有傲气，但不可无傲骨”，来引出我即将要上的课文《谈骨气》，我说明了此文是议论文并根据议论文的特色向学生们提出了一个问题：作者对“骨气”这个论题是怎样提出的，又是怎样证明的？转身板书：“谈骨气”。

2. 读文章，理脉络

接下来我给出2分钟的时间请学生速读课文。而后同学们纷纷找到了论点：我们中国人是有骨气的。针对论点我进行了文字上的变更提问：能否改成“我们中国人有骨气”？一同学很肯定地回答说：“是”有强调的作用，表达了强烈的民族自豪感，当然不能改掉。紧接着我请同学们再充满激情地把论点齐读一遍，同学们洪亮的声音告诉我，他们激情四溢，他们要做有骨气的中国人，此刻我们的民族精神教育也有了个良好的开端。

接着为了更好地论证作者所提出的论点，我提问学生：作者所引用孟子的三句话的用意是什么？学生首先解释了孟子三句话的含义：高官厚禄收买不了，贫穷困苦折磨不了，强暴武力威胁不了。而后谈论用孟子的话的用意是为了解释骨气的含义，更有力地论证了我们中国人是有骨气的这一论点。既然用意已经明确，我就顺理成章地请同学上台做一回小老师，对文章的论据作一番讨论，趁此激活一下课堂气氛，更好地激发学生的上课兴趣。

此时，一位课前参与我备课，对文章的把握有点眉目的同学迈到讲台前，不慌不忙地展开他的“攻势”，就像一场辩论赛拉开了序幕，让人期待着有个美好的结尾。台上的学生提问：课文用了哪些事实论据啊？台下一同学回答：论据一、文天祥兵败被俘，高官厚禄收买不了。此时当小老师的学生以ppt展示文天祥挥笔写下的《过零丁洋》这首律诗，并告诫在座的每一位同学文天祥就是一个“富贵不能淫”的人。接着台上的同学继续询问还有其他有力论据吗？此时又一台下学生回答：论据二、古时齐国一个穷人宁可饿死不食嗟来之食。此时当小老师的学生肯定了这位穷人应该就是“贫贱不能移”的人，并阐述道：人活的就是一口气，即使受苦受难，也不能少了这口气。还有一些类似的说法，比如人穷志不短，都表示了对气节的看重，对人尊严的强调。此时又一台下同学举手回答：论据三、闻一多横眉怒对国民党的手枪，宁可倒下去，不愿屈服。这时当小老师的学生怀着满意的态度点点头表示赞同，并表示这就是“威武不能屈”的人。紧接着台上的小老师播出一段课前准备好的关于闻一多先生的历史资料片，激起了在场同学对当时黑暗社会、白色恐怖的憎恨和对闻一多先生的敬仰和热爱之情，我想这时的爱国主义教育用不着点破，大家都已经热血澎湃了。这时台上的小老师结束了他短暂的参与上课这一环节，台下迎来了阵阵的掌声。同学们充分肯定台上这一学生出色的角色转换，课堂气氛异常的轻松活跃。

接着我对课文的整体写作思路加以小结，从中国人是有骨气的到富贵不能淫的文天祥、贫贱不能移的穷人、威武不能屈的闻一多，向在座的每一位炎黄子孙发出号召：我们要做一个有骨气的中国人。

3. 拓展迁移

在拓展文本这一构思中，我课前就布置过一个作业：找找从古至今，哪些人是有骨气的？课上我把这一形式变成小组比赛式的探讨。

首先就“富贵不能淫”一品行进行讨论。学生举例有：李白“安能摧眉折腰侍权贵”；陶渊明“不为五斗米而折腰”；屈原为报国爱民，即使沉江自溺也在所不辞；钱学森不为名利所动，在新中国成立之后，毅然回国等。各组讨论异常激烈，看来课前是下了一番工夫的。

而后就“贫贱不能移”这一品行进行了讨论。学生的回答有：朱自清“宁可饿死也不食美国的救济粮”，他明辨是非，爱憎分明，在衰病的晚年，他抬起头来，挺起脊梁，宁肯饿死，坚决拒绝敌人的“救济”，这种品德，这种气节，在今天是值得我们学习的。毛泽东曾赞扬他有不食“嗟来之食”的气节；苏武“留胡节不辱”等等，也是异常精彩。

最后是“威武不能屈”这一品行的讨论。学生谈及的内容有：顾炎武饱经忧虑，坚持抗清；郑成功历尽艰险，收复台湾，大振国威；刘胡兰面对敌人的铡刀，英勇不屈，慷慨就义；陈然被囚于“中美合作所”时，受尽各种酷刑。特务逼迫他写自白书，他严词拒绝，并在激怒中写下了著名的《自白》诗，陈然以自己的实际行动显示了无产阶级的骨气，表现了坚贞不屈的英雄气概。

结束了这三种品行的讨论，使我深感这一开放式的模式此刻达到了预期的效果。同学们课前的资料搜索是积极的，参与的态度是认真的，这种课前的预习方式是一种有效参与上课的好方法。

4. 教师小结

在播放《中国人》一曲时，使同学明显感觉到老师的用意：首尾呼应。开头结尾的选曲与文章的论点息息相关，荡气回肠。最后我借用了梁启超“少年智则国智，少年富则国富……”的经典名言来号召我们学生要继续弘扬我们中华民族的优良传统，要做一个有志的中学生，为早日屹立于世界民族之林而不懈努力！同学们使劲点头，起立下课。

三、总结反思

这节课，课堂气氛活跃。参与讨论、探究、争辩的人数超过班级总人数的一半之多。这是过去任何一节课都无法做到的。它得益于我在课上的角色转换，由过去的主讲者，转变成学生学习的设计者、引导者和组织者、参与者；得益于让学生对教材的钻研、探究，变教师单一的备课为师生共同备课，师生的互动才能形成。在授课期间，我相机诱导、适时点拨，学生主体参与意识强。我从整体入手，对局部进行具体剖析，教学思路清晰。每一教学步骤都能充分调动学生的积极性，把学法指导寓于诱导、点拨之中，逐层启发，学生学得主动、轻松。甚至许多问题无须我苦口婆心的讲解，学生自己就很好地解决了，收到了良好的教学效果。当然这只是一个案例，只能代表在新课改中某一方面的尝试，要想彻底打破语文课堂的沉闷气氛，还需要做更多的探索。

案例解析

“让学生也参与备课”，绝不是“为求新而求新”，在形式上所进行的一种“作秀”的行为，其自有它不可或缺的独特魅力。案例中的教师，就通过一次具体的课堂教学，向我们展示了这种备课方式的独特魅力。

行为科学研究表明，参与管理、参与决策，是人在精神方面的一种自我实现的需要，是一种高层次的要求。根据这一原理，教师在备课过程中倾听学生的呼声，了解学生的要求，让学生献计献策，必然会调动学生内在的积极性，提高教学的针对性和实效性，并将带给学生精神上的享受。

语文老师，张扬你的个性
——观“同堂异构”课的感悟

经典案例

2008年11月21日在一所外国语学校（二十五中小）观摩了东区

初中语文同堂异构（《落日的幻觉》）教学研讨课。

毫不夸张地说，执教的三位老师是语文园地的三朵奇葩。

第一位是市级学科带头人，二十三中小的刘老师。

第二位是市骨干教师，十九中小的熊老师。

第三位是市东区学科带头人，十八中小的寇老师。

观后，我的体会是：语文教师，要张扬你的个性。在教学设计中、在教学过程中充分体现你的个性。

教学设计是备课中的核心环节，甚至有人把教学设计说成是狭义上的备课。在教学设计上要体现教师个性，在这一点上，部分教师的认识和具体做法都还存在着一些问题。比如有的教师认为，教学设计在于把教科书弄懂读熟，把现存的教学参考书照抄；有的认为年复一年地教，教学内容烂熟于心，教学设计岂不是多余？有的认为写教案在于应付领导的检查，不写也罢。

肯定地说，教案一定要写！

不但要写，教学设计还要具有独创性，用独创性凸显你的个性。试想如果教师仅仅对着教材按图索骥，照着参考资料依葫芦画瓢，凭着以往的经验生搬硬套，那还有何设计可言？备课也成了例行公事，千篇一律的课堂教学将无法避免。因此教学设计一定要具有独创性，它要求教师克服思维定势，摆脱旧的思路，对教材再创造（“宜善用教科书而不为教科书所用。教科书，死物也。教授国文，舍而用之固不可，用之不当，其害立见”——1918年有识之士就提出这样的主张），对教学参考资料再创造，对以往的教学经验再超越，使自己的设计新颖独特，超凡脱俗，这样进行设计才有意义，这样备课才能常备常新，学生才能越学越受益。

如《桥之美》，教学设计着重突出一点：桥之美，美在哪里？美在与周围环境的和谐统一。作者强调的是桥在不同的环境中具有不同的美学效果。如果再展示攀枝花市的桥梁，让学生讲诉自己熟悉的那一座桥，课堂气氛会非常活跃。这是一篇自读课文，与本单元的《中国石拱桥》相比，说明文的知识并不突出，如果再按常规分析说明对象，说明特征、说明方法、说明顺序等，教学效果会大打折扣。

八年级上册的新闻单元，可以用新近发生的一则新闻，也可以直接用报纸，一人一张不同内容的报纸，让学生了解新闻的含义，电头的位置和作用，新闻的特点，新闻的分类，标题的三种形式，读报方法等。

寓教于乐，使学生的兴趣非常浓厚。

教学设计，还要设计最有效的教学方法。如何在有限的时间里，传授较大的知识量？如何使一堂课能让大面积的学生受益而不是“优生当代表，中等生当陪衬，差生当‘南郭先生’”？如何使大面积的学生既受益而且受益程度高？这些问题的解决无不依赖于教师在备课中精心设计有效的教法和学法。古人云“工欲善其事，必先利其器”就是这个道理。如何设计才有效呢？我想首先可根据本课的教学目标设计，新课可多用讲授法、谈话法、演示法；技能训练课宜多用练习法；复习课可多采用问答法、实验法等。还要根据不同的学生对象来设计，如初一、初二学生比较“外露”，可设计口答、演算、表演等方式给学生以自我表现的机会；初三、初四的学生比较含蓄，设计时要注意挖掘学生的内在潜力，激发他们的学习兴趣和求知欲望，为他们创造独立发展和显露才华的机会。

上观摩课的三位教师的教学设计都彰显了自己的个性：在设问、过程控制方面，刘老师技高一筹；在探究、引申方面，熊老师略胜一筹；在说明文知识梳理小结上，寇老师可与上面二位老师平分秋色。

作为一名教师，其面对的是活生生的人——学生。他们有血有肉，有感情，有精神，有思想。教师的任务不是仅仅传授知识、技能，而是把学生的生命中探索的欲望燃烧起来，创造的潜能激发出来，让他拥有一个充满信心，勇于开拓发展的知识个性。这才是教师工作中最值得歌颂之处。

为了使教学设计新颖独特，教学过程具有自己的个人风格，教师可结合自己的素质和特长，尽量扬长避短，将多种方法融为一体，功能互补，为我所用，达到娴熟自如的境界。这样，堂堂课都会出彩。

我喜欢唱歌，讲授《白毛女》就把歌声带进课堂，其中的《北风吹》、《扎红头绳》都是家喻户晓的，就请同学唱，老师也可以唱，不会唱的部分就听录音或者放碟看，试一试，这样的课堂很受欢迎。有些词、曲，直接教唱歌，像李煜的《虞美人·春花秋月何时了》、岳飞的《满江红》、李白的《花非花》、毛泽东的《沁园春·雪》等等，唱的结果比背诵的结果要牢固得多。

喜欢朗诵的老师，可以范读，再指导学生读清楚——读好——读美。像《湖心亭看雪》这类短小的文章就可以熟读成诵。

字写得漂亮的老师，可以用板书为你的课堂增色。

绘画功底好的老师，更是可以让简笔画为你的课堂添彩。

总之，一位语文教师要上好课，提高教学质量，就要打有准备的“仗”。只有作好备课中的教学设计，同时在教学设计中张扬你的个性，才能在课堂上面对不同层次、不同特点的学生因材施教，游刃有余，才能使学生获得最大的效益，使师生的教与学相得益彰。

“同堂异构”活动，可以在不同学校的老师之间开展，也可以在本校同年级老师之间开展，更可以自己与自己较量一番，今年这样设计，明年那样设计！

案例解析

教学设计是备课的主要环节、核心环节，是针对具体课堂所进行的教学方法、教学内容等各项“教学元素”的“排列”和“组合”。教学的成败奠基于此，教师的教学风格体现于此，有无有特色的教学设计，是能否形成教师的教学特色，教学风格的关键因素。特色的备课，必须具有有特色的教学设计。

案例中的三位教师，在教学研讨课中的成功，归根结底在于他们拥有丰厚的知识，鲜明的教学个性，并在具体的课堂教学设计中，体现了自己的特色。

浅谈语文教学中的板书设计

经典案例

板书是教师进行教学活动的重要手段之一，在语文教学中占有很重要的地位，是课堂教学的“眼睛”。要提高课堂教学效益，应当对板书有足够的重视，并进行全面研究。

一、运用板书的意义

运用板书有助于提纲挈领，突出教学重点，剖析教学难点；有助于培养学生的阅读、分析、概括的表达能力。好的板书，能给人以鲜明突出的印象，给人以艺术美感，有助于激发学生的学习积极性，有助于培养学生的逻辑思维能力和想象力，发展学生智力，真正实现学生是学习的主人的目的。一个好的板书，就是一幅精美的文章结构图，它是文章结构教学的有效手段。通过板书，可以指导学生从“视读”学写作，理解、掌握课文的行文线索、层次结构、表现方法，理解作者的逻辑思维和形象思维过程，指导学生审题立意、编拟提纲，增强写作能力，真正实现“以读导写，以读促写”。

板书设计的要领

板书既然是教学中不可缺少的组成部分，那么，我们应该怎样设计板书呢？

1. 板书的目的要明确

因为板书是为教学目的、内容服务的，所以，在设计板书时，教师一定要依据教学目的、教学要点而定，或体现其结构，或表现其行文特点，或突出主题，不能为板书而板书。

2. 板书应注意精确、周密

因为板书要充分显示教学内容，突出课文重点，体现课堂教学结构，所以设计板书时，要把握课文中心，了解课文重点，先写什么，后写什么，哪些该保留，哪些可随时擦除，都应做到精确无误和“胸中有丘壑”。

3. 板书要讲究形式的多样性

古人说“教无定法”。教学内容不同，教学对象不同，板书的内容和形式也千差万别。所以，设计板书时，要根据教学的实际情况选择相应的形式，或以图示，或用符号。

主体板书的设计形式，常见有以下几种：

（1）要点式。

要点式通常是以文体理论为依据，遵循并揭示一定文体的基本读写规律，板书教学内容的主要知识点。如说明文就抓住说明的对象及特点，说明顺序及方法等；记叙文主要抓住记叙的要素、方法、顺序等；议论文抓住论点、论据、论证方法等。

（2）提纲式。

提纲式一般是以文章结构理论为基础，将文章的结构分情况及段落层次大意、中心思想、写作特点等扼要板书。

（3）表示式。

表示式是将教学知识要点以括号或表格的形式板书，揭示知识内部的系统关系或进行知识内容之间的异同比较。

（4）图型式。

图型式是利用线条、图案构造板书，形象直观地揭示教学内容的特点，有象形式，辅图式等。

板书的形式是多种多样的，我们应根据不同的文体，不同的课文内容，结合教学的实际情况突出某一重点或强调某一侧面精心设计好板书。

例如：在教《周总理，你在哪里》一诗，有教师是这样考虑的：本诗感情真挚，脉络清楚，构思精巧，形象而又集中地揭示了“人民的总理人民爱，人民的总理爱人民”的深刻主题。板书意在理清线索，再现诗中意境的深刻含义。因此，本诗的板书采用了线索式。

4. 板书能悦目、醒目

既然板书是一门教学艺术，所以，教师设计板书时，就要充分考虑到它的审美作用，强调赏心悦目，给学生以艺术的感染。同时，为达到醒目的效果，可用不同色彩的粉笔，或勾画，或圈点；在字形的选择上也要加以思考。

板书是语文教师的基本功之一。好的板书，能提纲挈领，突出重点，配合讲述，画龙点睛，有助于学生理解并加深印象，板书是语文教师的重要“法宝”。所以语文教师应该提高板书设计的艺术性，最终提高课堂教学质量。

案例解析

个性化的板书设计好比一面镜子，从中可以看出教师个人的人格魅力和性格特征。在上面这篇案例中，作者向我们展示了一些设计板书的方法和技巧，很有学习和借鉴意义。

把握语文学科特点，优化教学课件设计

经典案例

在信息技术飞速发展的今天，实现教育现代化已成为基础教育高奏的主旋律。运用多媒体手段辅助学科教学已经呈现出迅猛发展的趋势。比如运用多媒体课件进行语文教学，运用得好，确实可以激发学生的学习兴趣，达到省时、省力、增加课堂信息量、化难为易、突出重点的目的。但是，许多教学课件虽然注意了多媒体的结合，能充分利用多媒体的交互性好、处理信息速度快的优势，但往往忽视了语文学科本身的特

点，使得课堂教学效果大打折扣。所以，语文多媒体教学课件设计应体现出语文学科的特点。

一、结合语文工具性特点，注重语言训练

语言是一门基础工具学科，语文教学最根本的任务在于“指导学生正确地理解和运用祖国的语言文字”。那么，语文教学必须注重语文基础知识的传授和语文基本能力的训练，加大语言训练的力度，多给学生创造机会，让他们多听、多说、多读、多写，这其中包括多媒体课件的制作和使用。

语言训练必须立足于语言和文字训练，舍此无法达到语言训练的目的。如一位教师教《雷雨》时先播放电影中的精彩片段，把学生兴趣吸引到对人物对白的潜台词的辨析上，并把需要评析的人物对白通过幻灯片的方式展示在屏幕上，重点词句还用不同颜色凸现在学生眼前，以引起学生注意。课件注重基础和关键，制作实在，课堂效果自然很好。但是我们现在见到的一些语文课件往往只注意了兴趣性和直观性，在制作上常常以图像视频音频代替学生对课文的阅读和感知。如有一位老师在教《荷塘月色》三、四段的时候，制作了一个以轻音乐为背景，集动画、图像为一体的多媒体课件。课件确实展现了课文内容，能够把学生带到月荷交映的情景中去。但遗憾的是，在展现画面的同时没有配上课文朗读，使得课件失去了对学生进行课文朗读的训练的示范作用。再如有一位老师教《再别康桥》时，课件中既有男声女声示范朗读，又有电视剧朗读片段朗诵 MTV，还有中英文朗诵歌曲，这样使得学生整堂课几乎都是在听，对诗歌本身比如语言意象的解读几乎没有。这种教师充当击键手，让学生丢掉课本抛弃语言看屏幕，把语文课上成录像放映课的做法是不可取的。

二、结合语文情感性特点，注重资源的传情性

文章不是无情物，作者的作品总是“情动辞发”的产物。课文愈好，思想感情往往愈浓烈、愈真挚。散文、戏剧、小说、诗歌，无论哪一种文学作品都是通过无声的文字传递作者对生活、对社会、对国家、对时代的真挚而深沉的感受。因此，语文教学中要求教师注意情感性。传统的语文课堂依靠教师的情绪、情感传达感情，存在着许多局限性。实践证明借助多媒体辅助教学，可以大大丰富情感。而有些教师往往只重视课件的技术含量而忽视了课件的情感分量，因此制作阶段投入的感情不够，在课件的设计和素材的选用方面不太注意传情性。

如何体现课件的传情性呢？我觉得，第一，教师在制作课件时要倾注自己的感情。因为只有教师在制作时倾注了感情，这个课件才能激发学生的情感。第二，教师应选取一些有灵魂性的经典课文来做课件，因为这类文章能使学生真正学有所得，获得思想的启迪和灵魂的熏陶，是可以流传下去的，做这类课文的教学课件或许也可以随之流传。如笔者听一位教师教授史铁生的《我与地坛》时，课件开头就打出“我要扼住命运的咽喉，它休想叫我屈服”的字幕，并播放贝多芬的《命运交响曲》，抓住了学生的心。后半部分讲母爱的内容时，适时穿插关于母爱的名言如“母亲的心是一个深渊，在她的最深处你总会得到宽恕”等以及一些母亲拥抱残疾儿女的画面，还有《懂你》这首歌曲，再加上教师真挚动人的引导，学生无不落泪。第三，课件在素材的组合上要注意它的情感性。一位教师教授柯灵的《巷》时，只搜集了许多幽深的江南小巷，却忽视了作者的情感因素，作者眼中的巷如一篇飘逸恬静的散文，一幅古雅冲淡的图画，有如古代的少女。作者的志趣是宁静淡泊。忽视了这一些课件就显得苍白无力。如果在这一段上加上一段悠扬的丝竹乐，境界就全出来了。

三、结合语文开放性特点，注重资料的灵活性与空间性

语文学科还有一个不同于其他学科的特点，即它的开放性。语文课文除了其表层上的意义外，还有它深层的含义，即“言外之意”“话外之音”。因此，学生学习语文既要知道文字表面的意义，还要挖掘它的深层意义。而这深层意义就“好像一颗多面体的宝石，从各个不同的侧面折射出五彩斑斓的光芒，读者可以用自己的智慧编织出各种不同的意义网络，没有人能够穷尽它，完善它。”外国说：“一千个读者，有一千个哈姆雷特”；中国说：“一千个读者，有一千个林黛玉”，都是说的这个道理。语文学科的这个特点，要求语文教学要采取创造性的教学方法，即引导学生根据自己的知识背景来建构语文的意义，而不是仅仅重复教参上的观点。换句话说，教师制作课件时应体现出学生学习中的主体地位，能够发挥他们的创造性，能够贯彻合作学习探究学习等先进理念和原则。教师无需在课堂上滔滔不绝地讲，大可用课件尽可能地提供相关资料，如创作背景、作者生平、评论家对这些作品的相关评价以及其他相关作品等，或者设计一些讨论，并不给出什么“标准答案”，给学生尽情展现自己的个性与创造力的空间。

四、结合语文的知识性特点，注重资料的丰富性和形象性

知识性强，又是语文学科主要特点之一。一方面，中学语文教材涉及其他学科知识极其丰富广泛，天文、地理、历史、哲学，古今中外无不包容。另一方面，它包含各种体裁的文章，小说、散文、诗歌、科技文等等。因此，我们制作课件必须先深入分析各种类型课文、各种知识和技能的教学特点，恰当选用资源。例如在小说《药》和《祝福》的教学中，我们可以借助录像或 VCD，把《药》和《祝福》的电影作为教学参考材料，选择重点片段在课堂上放映，帮助学生理解；也可作为比较学习的材料在课外时间或兴趣小组的教学中运用，组织讨论，加深学生对课文的感性认识。在《胡同文化》、《道士塔》等文化散文的教学中可以把景物风光的 VCD 或图片放给学生观看，增强其形象性；在《神奇的极光》和《南州六月荔枝丹》中借助有关科技录像，对学生正确理解课文内容、缩短盲目想象的时间方面有明显的效果。

案例解析

现代教学理念倡导学科资源之间的整合和共通，但这种整合和共通必须要有一个前提，那就是立足于学科本身的特色，否则就是“种了别家的地，荒了自家的田”，未免有点得不偿失。况且，只有立足于学科自己的特色，才能实现资源的有效整合；其他学科的资源，只有建立在尊重某一学科特色的基础上，才能彰显其价值和意义。

在这篇案例中，作者向我们展示了把握语文学科特点，优化语文教学课件的一些具体做法，很值得我们广大教师学习和借鉴。

教师备课要博采众家之长

经典案例

2000 年寒假当我接到参赛的任务后，为了把课备好，我煞费了一番苦心。记得曾有人把课堂教学艺术概括为“豹头、猪肚、凤尾”六个字。“豹头”指的是课的开始要吸引人；“猪肚”指的是课的进程要实实在在；“凤尾”指的是课的结尾要令人回味无穷，这六个字概括得非常经典。

为了达到这种境界，我尽了最大的可能翻阅文献资料，上网搜索，

共找到相关的教学设计50多篇。对其仔细分析整理后，我发现，这些教学设计的“豹头”部分可以归纳为四类：一是开门见山，直接出示时钟，问：“同学们，你们认识它吗？它有什么作用？”学生回答后直接切入主题。二是谈话式引入，先与学生们交流，“你们早上几点起床的啊”，“你们是怎样知道时间的啊”，学生回答“看闹钟”后切入主题。三是情景引入，教师放时钟行走时滴答滴答的声音，问“听，这是什么声音”，学生说出是钟的声音后切入主题。用得最多的是第四类，谜语引入，教师先出谜语（诸如“会走没有腿，会说没有嘴，它能告诉我们，什么时候起，什么时候睡”等），学生猜出是“钟”后自然引入主题。这四类引入方式各有千秋，并无优劣之分，哪一种方式在平常的教学中都可以使用。博采众家之长之后，我开始了自己的“创新之旅”。

怎样才能做到既不重复别人的做法，又能达到紧扣教材主题、贴近学生生活实际，同时有效引起学习兴趣的目的呢？为此，我苦思冥想了一个多月，前后推翻了十几种设计方案（包括领导和同事帮我设计的方案），天天想得发呆，妻子看了都心疼，最后还是妻子的一句无意的话给了我启发，终于想出了让龟兔绕着12棵树围成的圆圈赛跑的引入方式。12棵树围成的圆圈暗示钟面；龟兔赛跑的故事学生耳熟能详，让龟兔绕圆圈赛跑的形式使学生感到新鲜，做成动画就更能吸引人，比赛同时开始同时停，乌龟只跑到第一棵树的位置，而白兔则跑了一圈，实质上是一个钟面运动。在省里赛课时，评委及听课的老师们都说这节课这个地方最精彩，而其他选手在这个环节上，大多没跳出传统的框子或改进不大。参加全国比赛时，北京师范大学的周教授在大会总结时给予了这节课高度的评价，概括为四个字“新、实、活、美”，我想“新”首先指的就应该是引入部分的设计。

案例解析

博采众家之长说的其实是一种学习和借鉴的智慧。这种智慧可以让一个人“心明眼亮”，更好地认识自己所做的事情，提高资源的利用效率，实现方法和目的之间的效益最大化。在一个讲求效率和利益的时代，这诚然是一种不可或缺的生存智慧。

案例中的教师便拥有这种智慧，正是这种智慧帮助他在备课的时候，少走了好多弯路，“极大地缩短了我成长的历程”。正是这种智慧，让他在博采众家之长的基础上，形成了自己的备课思路和教学风格，成就了自己的专业发展和专业成长。

抓住教学重点提高教学实效

经典案例

教科书中的每一篇课文都具有丰富的人文内涵，可以承载的训练内容也是多方面的，但是课堂时间是有限的，我们不可能面面俱到地教学。唯有抓住重点进行教学，才能提高阅读教学实效。

一、抓准重点——重教师的研读预设

某大学的王教授认为："合宜的教学内容是一堂好课的最低标准"，面对选编进教材的一篇篇课文，教师一定要通过课前的教材研读，运用减法的思维，将每篇课文值得教又值得学的"精华"筛选出来，作为教学内容的内核。这就是教学的重点。比如说《草地夜行》中的"夜行部分"，《鸟的天堂》一文中作者两次经过"鸟的天堂"看到的景象。

教学重点一般在作者浓墨重彩的地方。比如，《索溪峪的"野"》全文围绕着一个"野"字展开；《这是儿子的鱼》细致地描述了"男孩儿与王鲑拉锯战"的四个场景。但有些部分虽然只有寥寥数语，却也是重点内容。比如《跳水》一课，直至第 9 自然段船长才出场，笔墨不多，但这部分无疑是学习的重点段落。而有些看似不是重点，其实却不然。比如，《圆明园的毁灭》，从题目来看，"圆明园的毁灭"是应该重点研读的内容，但这篇课文没有具体描述圆明园是怎样毁灭的，对"毁灭"只是概括地作了介绍。课文开篇就写道："圆明园的毁灭是祖国文化史上不可估量的损失，也是世界文化史上不可估量的损失！"这才是作者写这篇文章的主旨，作者用了较大的篇幅来写圆明园昔日的辉煌，因为昔日的辉煌更凸显了 1860 年毁灭的损失重大。

抓准重点是有一些策略的。比如，浙江省浦江县教育局教研室陈老师提出的导读可以抓"眼"（题眼、文眼、情眼），扣"心"，寻"线"，还有我们很多老师常用的借助习题、参考教参……当然也包括考虑学生。

二、抓出重点——重学生的参与生成

一篇课文学什么不只是教者要清楚，学习者有了目标也会大大提高学习的实效。因而，在阅读教学中注重重点的抓出过程——让学生参与生成不可忽视。比如，学习《丰碑》一课，在学生整体感知的基础上，可以这样引导：学习这篇课文我们应该弄懂什么呢？大部分学生会抓住课文的题目“丰碑”思考：为什么说军需处长“成了一座晶莹的丰碑”？继而自然会抓住描写军需处长的部分，联系上下文感悟“丰碑”的深刻含义。这也就是这一课的教学重点内容。

学生往往也能从课后习题编排的朦胧解读中大体明白课文的重点内容。比如，《丰碑》一课的第2题“找出描写军长的语句，联系上下文把你的体会写在有关语句旁，然后再说一说”可能就给了学生一些启示。课文细致刻画了军长听说“冻死一个人”到知道“他就是军需处长”的神态变化过程，是这篇课文突出的特点，理解军长神态变化的原因就自然走近了军需处长。所以，抓住描写军长的语句体会表达的情感无疑是教学的重点内容。在课堂上，学生的直觉感受加上教师的有意点泼就会使重点渐渐明朗起来。

当然重点内容不仅可以从文本本身，从教材习题编排，还可以依据学生的学习基点和学习的态势来确定。重要的是重点内容的抓出过程是教师有意地将教的目标转化为学的需求的过程，主体参与重点内容的确定过程，不仅会进一步的使探究方向明确，也极大地调动了主体的积极性。

三、抓住重点——重读懂的碰撞提升

抓住重点教与学一定要注重读懂的碰撞与提升，做到：展开学习的过程，上出语文的味道，习得学习的方法。

1. 展开学习的过程

“展开学习的过程”有两个方面的含义：其一，是展开学生个人的学习过程。语文是在实践中学会的，学生不仅要学在先，而且要学充分，学深入；其二，是展开学生群体碰撞与交流的过程。因为学生探究的收获需要展示，也需要整合与提升，而学生的思维碰撞本身就是一种学习的资源，再加上教师的适时点拨、引领与提升，可以促进目标的达成。比如，《母亲的纯净水》一课“母亲的话”（“我们是穷，但是穷有什么错？富也罢，穷也罢，都是日子的一种过法。穷人不见得可怜，富人也不一定高贵。再穷，也得看得起自己。要是看不起自己，心就穷了，那可就真穷了”。）既是教与学的重点又是教与学的难点。学生在初读时提出了疑问，也借助课后习题，她想明白了母亲的话”中，“母亲的话”指的是什么？从“母亲的话”中“她想明白了”什么？进行了自主探究。有老师在执教时这样设计：

(1) 母亲是在什么情况下对小女孩说这些话的呢?(在小女孩的同学说她母亲的纯净水像凉白开,小女孩觉得“委屈和酸楚”,有人笑话小女孩时……) 时引读母亲的话。

(2) 母亲跟小女孩讲这些话,想让小女孩明白什么呢?(穷只是日子的一种过法,再穷也得看得起自己。要是看不起自己,那可就真穷了。) 自由读,体会。

引导深入理解:“再穷,也得看得起自己。要是看不起自己,心就穷了,那可就真穷了。”师点击媒体字变色。这句话中出现了三个“穷”字,请你再读一读,谈谈你对这句话的理解?(学生能够理解到第一个“穷”字指的是生活的贫困,对于后面两个“穷”的理解可能感觉困难。)

引导1:结合课文内容,说说小女孩和母亲分别是怎么看待穷的?(小女孩:认为丢脸,酸楚,没有面子;母亲:勇敢地面对,认为是一种过法——虽然穷,但心不能穷。)

引导2:如果因为穷而看不起自己会怎么样呢?(希望就会破灭,这就是心穷。心要是穷了,就真的穷了。) 所以,母亲说……(生接读母亲的话)

过渡:那天晚上,小女孩想明白了母亲的话。

(3)“她想明白了”什么?(媒体出示有关语句。) 我们清晰地看到了学习过程的展开,单从整体设计上来说:弄明白了“母亲的话是在什么情况下说的?想让小女孩明白什么?小女孩‘她想明白了’什么?”这是一个读懂作者、读出自己、走进人物心灵的过程。教师进行了充分的预设,也作了预设的引领。

值得注意的是,抓住重点展开过程中教师的讲有时也是不可替代的。“‘讲’都是为了达到用不着‘讲’”,“要朝着促使学生‘反三’这个标的精要地‘讲’”。讲要少而精,“倾筐倒箧容易,画龙点睛艰难。(叶圣陶语)”

2. 上出语文的味道

语文课要上出语文的味道是大家的共识。但是,对“语文的味道”指的是什么?仁者见仁,智者见智。我认为,学语习文一定是语文教学的首要任务。在上例中对“再穷,也得看得起自己。要是看不起自己,心就穷了,那可就真穷了”这一难句的品读,就体现了“咬文嚼字”的语言感悟味道。细细回味上述学习过程的展开,都是真真正正在进行着语文的学习：引读感知—自读体会—再读咀嚼—整体回味。可谓是书声琅琅，层层推进。教师的“在什么情况下说的”联系了上文，“她想明白了什么”又引出了下文，体现了篇章是一个整体。这是一个立足全文求解局部的学习过程，充分体现了在纵横联系中读懂课文的语文教学思想。

3. 注重方法的习得

叶老说：“阅读教学之目的，我以为首在养成读书之良好习惯。教师辅导学生认真诵习课本，其意乃在使学生渐进于善读，终于能不待教师之辅导而自臻于通篇明晓。”如何达到这样一种境界呢？张志公先生有这样通俗的说法：“在教学中，不能仅仅在于教给学生三篇课文，学生就会这三篇课文；而是教给学生三篇课文，学生就能学会三百篇”；即一定要让学生在阅读的过程中习得法！上面例子中是有学习思想、学习方法的渗透的。比如，三个“穷”的对比深入阅读，联系事件背景解读等。值得注意的是在课堂教学中教师要对学生有反思学习过程、归纳学习方法（包括读和写）、完善学习记录的要求，天长日久，“自能阅读”的理想境界就会梦想成真。

全国语文教学专家崔峦老师说：“一些老师知道抓重点，突出重点词、句、段的教学，但指导乏术。特别是在理解和运用语言文字的结合上指导乏术。”这句话道出了目前阅读教学抓重点存在的普遍问题，也指明了进一步研究的方向。

案例解析

教学重点是教学内容的核心部分，也是教学内容中起着“提纲挈领”作用的部分，教师处理好了教学重点，等于抓住了教学内容的“牛鼻子”，教学的实效性也就比较容易得到落实。案例中的教师，用生动翔实的例子说出了在语文教学中“抓出重点、抓准重点、抓住重点”对教学的意义和方法，很值得我们借鉴。

What's this/that in English?

经典案例

这是人教版小学英语第二册 Lesson 22，要学习的是句型“What's

this/that in English?” 为了创设乐学的氛围，在课前，某教师自制了六张日常用品类单词的图片，并把它们分别贴在盒子的六个面上，制成魔盒。课上，该教师呈现了新句型 What's this/that? 并让学生来玩一玩“抛魔盒”的游戏，以操练重点句型。

T：Shall we play a game? Throw a magic cube.

S：Good idea.

T：Throw the magic cube.

S1：What's this in English?

T：It's a desk.

S2：What's that in English?

问答

T：A clock. It's a clock.

正当孩子们玩得起劲的时候，一个小男孩儿陈陈突然站起来说：“老师，What's this? 和 What's that? 有啥区别啊？怎么问答都对吗？接着其他的同学也分别表示出不同意见。某教师发现了学生们的疑惑：不能区分这两个句型。于是教师让学生再读一次这两个句型，并结合书中插图再次理解和区分这两个句型的意思，教师再次让学生重新进行问答这两个句型，于是学生在发现问题的过程中理解了具体意思，并能正确区分它们之间的区别，某教师于是表扬了学生爱发问的好习惯。学生学习的兴趣更浓了。

案例解析

教师在教学中要突破难点，首先就要认真研究和分析难点。要弄清为什么学员会感到困难，难在哪里。然后再根据难点所在，抓住教材中一些关键性的问题，有针对性地去加以解决。案例中的教师“以身说法”，向我们展示了在备课时突破教学难点对课堂教学的意义。

让“课堂预设”成为学生的“动感地带”

经典案例

“今天，朱老师上《望月》一文。课前我可开心了！教师里有谁不知道我是个‘小诗迷’。《唐诗三百首》我能熟练背诵一百多首呢！你说我厉害不？课前，我还特意收集了有关月亮的十多首诗词呢！我想今天的课上我可要大显身手了！可是……哎！老师在课堂上却没有组织‘赛诗会’，真扫兴！让我和其他爱好古诗的同学白高兴一场。”

这天，我翻阅着教室里的“班级流动日记”，读到“小诗迷”——王晗萧在“班级流动日记”中流露的这份“无奈”与“失望”。我一下子愣住了，是呀！我怎么在《望月》课堂预设中没有想到组织学生进行“月亮”的“赛诗会”呢？

为此，我不由地反思起课堂教学中的“预设”与“预习”两个环节来。

案例解析

动态生成是课堂充满活力和灵性的最好体现，有效促进生成是落实教育教学目标，促进学生全面发展的手段。动态生成并非“空穴来风”，它源于教师科学合理的预设。案例中的教师正是在课前进行了有效的预设，才取得了课堂教学的成功，让课堂生成焕发出生命的活力。

关注学生学习起点促进学生全面发展

经典案例

前不久，我应教科所之邀送教下乡，我上的是苏教版教材第八册的课文《九色鹿》。课堂上，我发现孩子的已有认知水平和我想象的相差甚远，于是不得不临时调整教学方式，紧抓学生的学习起点，进行语文素养的培养。

关注学生学习起点，培养学生学习能力

片段1：

师：九色鹿是怎样的？谁来读读第一自然段。（生读，读得一般）

师：他读的时候，你们看到九色鹿了吗？

生：没有，没看到。（学生非常诧异地盯着我）

师：那我再请一个同学读一读，看能不能看到九色鹿？（生又读）

师：看到了吗？

生：看到了。（有点兴奋）

师：九色鹿是什么样子？

生：它双角洁白如雪，身上有九种鲜艳的颜色，漂亮极了。（学生非常激动）

师：这次为什么看得到呢？（很不明白的表情）

生：我在读的时候（我用手指了指头）还一边在想。

师：是啊，把一段话读成一幅画也是一种好的学习方法。

（当指名读6自然段时，我进行巩固）

师：读完这段，你脑海里又出现了什么画面？

生1：我看到王妃在床上躺着正做梦哩。

生2：我看到王妃缠着国王要去捕捉九色鹿。

生3：我还看到王妃笑得嘴都合不拢了。

生4：我听到王妃在说："我要用九色鹿的毛皮做件衣服穿上，我一定会显得更加漂亮。

（此时的学生已经有些知道该怎么学了）

师：真了不起，连声音都听见了。那你认为王妃是个什么样的人呢？

[评析：本次由于在乡下授课，也许是乡下教师在指导学生学法上不太注重，因此学生在这方面起点不高。当我问他们读文时能否读出画面时，学生是惊诧不已。于是我紧抓学生学习起点，引导学生投入学习过程，让学生在学习过程中自得方法。在第二片段的学习时，我加强巩固，学生不仅读出了画面，还听到了声音，画面活了，有声有色。我想，这样的不露痕迹的指导对学生是有效果的。]

关注学生学习起点，培养学生表达能力

片段2：

师：你认为王妃是个什么样的人呢？

生1：狠毒的人。

生2：讨厌的人。

生3：非常爱美的人。

师：噢，你们爱美吗？

生：不爱（几乎都这么说，女同学们还不好意思地低着头。我很奇怪）

师：爱美之心人皆有之，我就爱美，喜欢穿漂亮的衣服，打扮自己，多好啊。

（学生听后，头抬起来了，有些同学动了动嘴唇，他们有点想说什

么了）

生1：老师，我也爱美。但大人说，心里的话不能说出来，不然别人会耻笑你。

生2：长大了才能爱美，小孩子不能爱美。

生3：衣服穿得漂亮的人是坏人。

师：（我笑起来）我的衣服也很漂亮，那你认为我是坏人吗？

（此时全班同学大笑）

师：（我接着说）孩子们，爱美就是爱自己，要学会爱自己，知道吗？

（孩子们都若有所思地点点头）

[评析：新课标明确提出，要培养学生敢于表达自己的能力。而这群孩子比较淳朴，由于长期生活在农村，受一些传统陋习的影响，明明爱美，却不敢说出来。当我明确这一点后，我以“爱美之心人皆有之”这样的话语来消除孩子的害羞心理，再用自己的实例（我就爱美）来贴近他们的心灵，消除畏惧心理。于是孩子终于迈出了这艰难的一步——敢表达自己了。其实这一小节并不是这一课的重点，但我却留足时间让其表达。我想，这短短的两分钟也许会打开孩子的一扇扇心灵之窗，对孩子的一生都有益，所以这两分钟花得值。]

关注学生学习起点，培养学生思维能力

片段3：

师：请看“誓”字，上折下言（师边说边板书）知道这个字为什么是上折下言吗？

生：言表示是说的话。

师：说得有道理。（师手拿枝条）看，古人在发誓时，常常手拿枝条等物，说完后一折两断（师折枝条）现在知道为什么是上折下言了吗？

生：（思考中……）

师：意思是如果说话不算话，我就会像这枝条一样，一折两断。看来，誓言是不可违背的。

师：调达会怎样郑重起誓呢？

生：我决不说出你的住处（学生边说边笑，还做鬼脸）。

师：你曾经和你的小伙伴发过誓吗？

生：发过，他让我为他保守秘密。（学生回忆起来）

师：（我笑着说）也是笑嘻嘻地发誓吗？

生：不是，很正规的。

师：那你就正规地发发誓，好吗？

生：我郑重起誓，决不会说出你的住处，否则天打五雷轰。

师：你上台来，再来一遍。（孩子又来一遍）看到他的表情了吗？

生：严肃。

师：听到他的声音了吗？

生：响亮。

师：像这种严肃、认真、发自肺腑的起誓，就叫郑重起誓。谁再来郑重起誓？

生1：你是我的救命恩人，我发誓不会说出你的住处，不然我下十八层地狱。

生2：我发誓，永不说出你的住处，否则我全家遭殃。

[评析：本环节中，我利用汉字的构字原理来理解“誓”字，再让孩子想象调达会怎样起誓，学生不太严肃，嬉皮笑脸。基于此，我有意识地唤醒学生已有的经验（你曾跟小伙伴发过誓吗），把学生的已知和对未来的渴望变成教学的基础和动力，激活学生的思维。再从学生的言行中不露声色地理解了郑重起誓，学生思维活跃起来，想象力也丰富了。]

美国教育心理学家奥苏贝尔曾说：“如果我不得不将教育心理学还原为一条原理的话，我将会说，影响学习的最重要因素是学生已经知道了什么，我们应当根据学生原有的知识状况进行教学。”的确，教学的有效性要以学生的进步和发展为宗旨。也就是说，教学的基本着眼点是促进学生的发展。只有根据学生的已有认知水平，正确地、适当地、最大限度地激化学生的学习潜能，促进最大化的发展，才是最有效的语文课堂。

案例解析

学生是教学中的永恒主体，教学的主要任务就是促进学生的全面发展。教师的一切工作只有适合学生，促进学生的发展，才有其意义，只有了解学生起点，关注学生起点，将教学工作基于学生的学习起点上，才能真正做到这一点。案例中的教师，关注学生起点，利用学生现有基础和对未来的渴望，充分实现了教学的效能，很值得我们广大教师借鉴和学习。

探析语文课堂教学的切入点

经典案例

下笔下得好，则会妙笔生花；“下刀”下得准，剖析起来就会游刃有余。如外科医生使用手术刀，或是切除，或是结合，或是移植，最终保全了一个鲜活的生命。寻找语文教学的切入点，道理亦如此，或是找出贯穿上下文的重要线索，帮助我们理清一篇课文的文脉思路；或是摘要某些关键词，剪切某个精彩片段；或是引出一个新鲜的话题，以及话题背后带给我们的思考。只要语文教学的切入点找到了，找准了，并且充分地挖掘深入下去，必使一堂语文课富有情趣，充满生机，引发思考，活动感悟，激起学生情感的浪花，碰撞出思乡的火花。

一、以课文的题目为切入点

眼睛是人心灵的窗户。我们可以透过这扇窗户试图去读懂一个人，好的题目犹如一篇美文的眼睛，我们也可以通过课文的题目去解读一篇课文。

我自己在教完《琵琶行》这一课时，问了这样一个问题：如果不以《琵琶行》作题目，而另拟一个题目，拟个什么题目好呢？我提示了一下：只要两个字就可以。学生思索、讨论，忽而有一个同学说出《知音》这一题目来。我为这个同学与我的想法不谋而合而暗自高兴，并叫这个同学说说自己拟题的深意。这位同学娓娓道来：《知音》这题目一语双关，既指白居易这个音乐行家通晓音乐，琵琶女演奏音乐的精彩描写，更是指白居易和琵琶女是两心相知，相互成为对方难觅的知音。同学听了，都点头称道，于是，我趁机给同学讲“知音”的典故，讲俞伯牙与钟子期这对知音和《高山流水》的曲子，讲“欲将心事付瑶琴，知音少，弦断有谁听”的心灵诉说，在古往今来又是多么相似！

在现实教学中，很多课文的题目都可以作为语文教学的切入点，教师要善于从分析题目入手，引领学生走进语文天地，去获得解读一篇课文的密码，找到一把开启语文这扇门的金钥匙，走入丰富多彩的语文世界。

二、以重要的词句为切入点

写文章有“立片言以居要”的说法，我想一篇课文的切入点，也就是能够“牵一发而动全身”的“居要之言”，课文里的关键词、中心句、过渡句、抒情句、议论句往往能有“居要之言”的作用。我们以课文中重要的词句为切入点，分析课文便可以上下贯通，游刃有余。

我在分析《祝福》中祥林嫂这个人物形象时，找到在小说中重复出现了三次的一个句子。第一次是祥林嫂再次到鲁四老爷家做工时，大家仍然叫她祥林嫂，然而这一回，“她的境遇改变得非常大”；第二次是冬至祭祖时，四婶呵斥祥林嫂“你放着吧，祥林嫂！”时，“这一回，她的变化非常大。”第三次是已沦为乞丐的祥林嫂向我问及“地狱”时，“我这回在鲁镇所见的人们中，改变之大，可以说无过于她的了。”我就以“改变之大”这个句子作为分析祥林嫂的切入点，问学生祥林嫂究竟有哪些非常大的改变？学生很快答出：一是祥林嫂外貌的变化；二是祥林嫂前后两次在四叔家做工情形的变化。还有什么变化没有？教室一时沉默，开始有学生作答，说是祥林嫂的思想意识也有变化，即由信封建鬼神到对鬼神世界的“疑惑”！在死亡之前，她终于从自身的痛苦经历中，引起对鬼神世界的“疑惑”！

语文教学只要找准了切入点，教师就可以深入浅出，挥洒自如，让课堂教学活起来。

三、以课文的“空白”为切入点

音乐欣赏有余音绕梁的韵味，从而起到此时无声胜有声的效果。绘画艺术也讲究藏露相间、虚实相生、无中生有的审美效果，文学作品中，也往往留给读者一些“空白”，供我们去想象和推敲。因而，我们在教学中不妨以课文中的“空白”为切入点作些分析，以激发学生丰富的想象，激活学生活跃的思维，激励学生对文学的热爱和探讨。

在教学《米洛斯的维纳斯》时，我抓住“米洛斯的维纳斯虽然失去了两条由大理石雕刻成的美丽臂膊。却似乎意外地获得了一种不可思议的抽象效果，向人们暗示着可能存在的无数双秀美的玉臂。”这句话，问学生：“同学们能想象一下维纳斯神秘的秀美玉臂吗?”这一问，全班同学顿时活跃起来，有人想象她的手臂残缺时惊心动魄的瞬间，有人想象她的手臂遗失在某个神秘的地方。当然，更多的同学想象她当初完整的玉臂是怎样一种美丽的造型！有人说正在给人们指引方向，有人说她正手持胜利的花冠，有人说她正在放飞和平鸽，有人说她正与战神牵手……同学们的想象海阔天空，应有尽有，绚烂无比。想过之后，同学们方才明白：维纳斯艺术上的完美在于她的不完整，在于她的断臂留下的一处“空白”以及这“空白”带给人们的无穷无尽的想象美。这种不确定的美是由读者欣赏时再创造出的美。

这样的“空白”足以让教者尽力去思考发挥，让学生尽情去想象、诠释，让师生一道去感受文学的“空白”带来的无言之美。

案例解析

“一花一天堂”语出《佛典》，意思是：从一朵花中便能悟出整个世界，得升天堂。这里我们可以将“花”比作教学的切入点。如果我们能给学生提供体现这一思想的教学切入点，就能有效地节省课堂时间，提高课堂效率；同时能使学生的求知欲由潜伏状态转入活跃状态，积极地思考问题，主动地获取知识，提高能力，发展创造性思维。师生课堂上取得共赢。

说说教学情境的创设

经典案例

法国教育家卢梭在其教育论著《爱弥儿》中记载了情景教学的实例。爱弥儿不会辨别方向，老师将他带到大森林中，由他自己辨别方向。这是利用大自然的情景，指导学生解决问题。苏联教育家苏霍姆林斯基在教改实践中，也经常把学生带到大自然中，观察体验大自然的美，让他们在大自然多彩的情景中，培养观察力和创造力。所有这些教育家的试验都是利用大自然情境，指导学生解决问题。

情境教学是指在教学过程中为了达到既定的教学目的，从教学需要出发，引入、创造或创设与教学内容相适应的具体场景或氛围，以引起学生的情感体验，帮助学生迅速而正确地理解教学内容，促进他们的心理功能全面和谐发展的一种教学方法。

情境教学不仅可以激发学生的兴趣，而且有利于培养他们的创造性思维。情境教学以美为突破口，以情为纽带，以思维为核心，因而对培养学生的创新意识，创新思维有着独特的作用，教学也往往能收到事半功倍的效果。情境教学注重教学的探究性，有利于激发创新动机，人类的任何行为活动的产生都离不开动机。创新活动同样需要创新动机来激发，情境教学十分重视在教学过程中创设探究性问题情境。这就为学生创新动机的激发提供了契机。在情境中提出问题能激发学生的好奇心，好奇心是兴趣的先导，是人类认识世界的动力之一。对于形成动机有着重要的作用，富有创新精神的人往往具有强烈的好奇心。爱因斯坦曾说：他没有别的什么天赋，只有强烈的好奇心。情境教学与创设情境能更好地激发学生的好奇心。在情境中揭发矛盾能诱发求知欲。如果探求“是什么”体现了学生的好奇心，那么寻求“为什么”则更多地体现了学生的求知欲。在教学中，情境教学能诱发学生的求知欲，可以进而形成学习的内在动机。在情境中展开冲突能激发挑战性。

讲《硕鼠》之前，为了使学生加深对古诗主题思想的理解，激发学生对不劳而获的统治者的憎恨之情，充分调动学生的情感体验，教师可以引导学生设想两种生活情景：①有这样一位同学，在班级里横行霸道，唯我独尊。别人买的课外书据为己有，别人写的作业填上自己的名字，别人的饭卡抢来大饱口福，甚至把别人的衣服穿上迟迟不脱。而你偏偏又是非常老实，经常受他欺负的人，当你看到他穿你的衣服、用你的饭卡时是什么心情？②有一个培训班，巧立收费名目，参加这个培训班学习结束时，你才明白这个班纯粹是为了赚取钱财，从中根本就学不到真本事。你的父母是普通的工人，寒冬酷暑，每天辛勤劳作，攒下的血汗钱双手交给了培训班。当沿着父母血汗铺就的道路走出培训班时，你想到了什么？这时课堂气氛顿时活跃起来，同学们一个个义愤填膺。有的议论纷纷，联系自己的生活，斥责他们的不义行为；有的睁大了眼睛左盼右顾，好像在寻找“对手”以宣泄心中的愤懑。这时板书课题《硕鼠》，同学们就会恍然大悟，思维很快地深入到课文内容，充满激愤地读着“三岁贯汝，莫我肯顾。适将去汝，适彼乐郊……”，这样学生们就会在不知不觉的情感宣泄中背熟了课文，而教师则可以顺利地完成教学的任务。

案例解析

情境对于知识学习的重要性，很像将“类似于食盐，难以下咽”的知识，溶解于“情境的肉汤”中，将知识变成美味。这实在是一个绝妙的比喻，很经典地道出了情境之于教学的重要一生。

在上面这篇案例中，教师就成功地通过一个教学情境的营造，激发了学生“心中的愤懑”，使学生轻松地进入了学习的状态，达到了很好的教学效果。案例中教师的这种做法，很值得我们学习和借鉴。